Metterschling statt Schmetterling

Andrea Christiansen

Metterschling statt Schmetterling

Hilfe und Training bei Legasthenie, LRS und Dyskalkulie

Die Autorin:

Andrea Christiansen ist
Heilpraktikerin und hat
eine eigene Praxis für
Psychosomatik und
Lerntraining, in der sie
mit Kindern arbeitet.
Sie ist Mutter von zwei
Kindern und lebt mit ih-
rer Familie in Hamburg.
Sie veröffentlichte bei
Urania u. a. »Fantasie-
reisen mit dem Zauber-
bären«.

Bibliografische Information der Deutschen Bibliothek
Die Deutsche Bibliothek verzeichnet diese Publikation
in der Deutschen Nationalbibliografie; detaillierte
bibliografische Daten sind im Internet über
http://dnb.ddb.de abrufbar.

© 2009 Urania Verlag
in der Verlag Kreuz GmbH
Postfach 80 06 69, 70506 Stuttgart

www.urania-verlag.de

Umschlaggestaltung: Behrend & Buchholz, Hamburg
Titelfoto: © LWA-Sharie Kennedy/Corbis
Redaktion: Anke Scheffler, Berlin
Satz: Grafikstudio Scheffler, Berlin
Druck: fgb · freiburger graphische betriebe
www.fgb.de
Printed in Germany

ISBN 978-3-7831-6176-2

Vorwort

Deutschland hat 2006 und 2007 an zwei internationalen Vergleichsstudien* teilgenommen, in denen Kompetenzen der Schülerinnen und Schüler am Ende der vierten Grundschulklasse untersucht wurden.

Die Ergebnisse der beiden Untersuchungen, an denen sich 42 bzw. 36 Länder beteiligt hatten, wurden im Dezember 2008 veröffentlicht und in Deutschland allgemein als Erfolg betrachtet, da sie wesentlich über den katastrophalen Ergebnissen früherer Studien lagen (IGLU 2001 und PISA 2001). Betrachtet man jedoch die Ergebnisse näher, so verschwindet die Freude darüber, dass die Leistungen der deutschen Schülerinnen und Schüler über dem Durchschnitt der anderen Länder liegen. Beim Leseverständnis beträgt der Abstand zur Weltspitze ein halbes Schuljahr, in Mathematik mehr als ein ganzes Jahr. Insgesamt treten Schwächen des deutschen Schulsystems zutage, die man als schwere Hypothek für die Zukunft eines Landes betrachten muss, das auch weiterhin zu den führenden Industrieländern gehören möchte.

Die Risikogruppe bei den Viertklässlern ist mit 13 % beim Leseverständnis und mit 22 % in Mathematik erschreckend hoch, ein Handicap für einen erfolgreichen Start in die weiterführenden Schulen. Auf der anderen Seite ist der Prozentsatz deutscher Schülerinnen und Schüler, die die höchste Kompetenzstufe erreichen, im Vergleich mit den Spitzenländern niedrig. Bei beiden Gruppen zeigt sich, dass der Einfluss des kulturellen Hintergrunds der Eltern auf die Leistungsentwicklung der Kinder an deutschen Grundschulen im internationalen Vergleich besonders hoch ausgeprägt ist. Beim Vergleich der Leistungen von Mädchen und Jungen bildet sich der Einfluss bekannter Vorurteile ab: In Deutschland sind Mädchen im Lesen besser als Jungen, doch in Mathematik wesentlich schlechter.

* 2006 an IGLU (Abkürzung für den deutschen Titel »Internationale Grundschul-Lese-Untersuchung«) zum Leseverständnis und 2007 an TIMSS (Abkürzung für den englischen Titel »Trends in International Mathematics and Science Study«) zu mathematischen und naturwissenschaftlichen Leistungen.

Das Buch von Andrea Christiansen wendet sich an Lehrkräfte und Eltern, die tagtäglich mit den Schwächen des deutschen Schulsystems konfrontiert sind. Sie analysiert verbreitete Begriffe wie Legasthenie, LRS, Dyskalkulie, Rechenschwäche und macht deutlich, dass es sich immer um ein Zusammenwirken von vorgegebener genetischer Ausstattung und von beeinflussbaren Lernprozessen handelt. Sie scheut sich nicht, Probleme deutlich zu benennen: »Besonders Mädchen sprach man dieses Talent (zu mathematischem Denken) ab, was völliger Blödsinn ist.«

Auch will sie nicht den Eindruck vermitteln, als ob ihr Buch das alleinige Heilmittel sei. Die Leser finden eine Fülle von Hinweisen, von welchen Stellen sie Hilfen erwarten können. Zusammenfassungen geben immer wieder einen Überblick. Eine klare Gliederung und aussagekräftige Überschriften erlauben es, ohne Schwierigkeiten bei jenen Themen einzusteigen, die sie aktuell beschäftigen. Die Fallbeispiele zeigen, dass die Autorin die Praxis aus eigenen Erfahrungen mit Kindern gründlich kennt.

Andrea Christiansen ermutigt und unterstützt mit ihrem Buch Lehrkräfte und Eltern bei ihren oft schwierigen Bemühungen, das Selbstwertgefühl und die Kompetenz der ihnen anvertrauten Kinder zu fördern.

Prof. Gerhard Preiß, Freiburg/Kirchzarten
Prof. em. für Didaktik der Mathematik

Einleitung

Als mein ältester Sohn eingeschult wurde, ahnte ich noch nicht, dass er aus der Familie die genetischen Grundlagen für eine Legasthenie geerbt hatte. Zuerst war die Schule also toll, spannend und mit viel Spaß verbunden. Ein halbes Jahr später ging er nicht mehr so gern hin, denn das Lesen fiel ihm sehr schwer. Zu Beginn der zweiten Klasse stand fest: Etwas stimmte nicht. Auf meine Frage, ob er Legasthenie haben könnte, sagte mir die Klassenlehrerin, das glaube sie nicht, er würde ja keine Buchstaben verdrehen oder verwechseln. Er sei halt sehr langsam. Ein Intelligenztest zeigte, dass mein Sohn durchaus für das Gymnasium geeignet wäre. Aber was war los?

Die Probleme verschärften sich. Leseprobleme wirkten sich auf Textaufgaben in Mathematik und auf allgemeine Aufgabenstellungen aus; die Arbeitsgeschwindigkeit auf alle Schulbereiche. An den Besuch der dritten Klasse war gar nicht zu denken, ich ließ meinen Sohn die zweite Klasse wiederholen. Sein Selbstwertgefühl hatte einen Tiefstand erreicht.

Zu diesem Zeitpunkt sah ich einen Fernsehbericht über Legasthenie. Die beschriebenen Probleme hätten ein Porträt meines Sohnes sein können. Die Universität Marburg führte gerade eine Studie zur Legasthenie unter der Leitung von Dr. med. Schulte-Körne durch. Es würden noch betroffene Familien gesucht, so der TV-Bericht. Wenige Wochen später fuhren wir nach Marburg, dann hatte ich es schwarz auf weiß. Mein Sohn hat Legasthenie. Sein jüngerer Bruder, der ebenfalls getestet wurde, ist jedoch nicht betroffen.

Ich war froh, endlich zu wissen, woran ich war. Doch Hilfe gab es nicht und wenn, dann nur an teuren Instituten, die ich mir, damals allein erziehend, nicht leisten konnte. Ich begann meinen Sohn im Rahmen meiner Möglichkeiten selbst zu fördern. Heute arbeite ich als Therapeutin und Legasthenietrainerin mit Kindern, die die Lust am Lernen verloren haben, weil sie von

Legasthenie oder Dyskalkulie betroffen sind. Ich freue mich immer ganz besonders, wenn diese Kinder erkennen, dass sie nicht dumm sind und ganz besondere Talente haben.

Mit meinem Buch möchte ich Sie informieren, Ihnen Mut machen und Ihnen etwas an die Hand geben, das Ihnen nicht nur Informationen, sondern auch praktische Lösungen anbietet. Ich habe dabei die Themen Legasthenie und Dyskalkulie strikt getrennt. Wenn neuere Forschungen eventuell zeigen werden, dass die Dyskalkulie als angeborene Rechenschwäche ebenfalls auf ähnlichen genetischen Faktoren beruht, stellt sich jedoch der Umgang damit ganz anders dar.

Ich wünsche Ihnen und Ihren Kindern Mut und viel Erfolg.

Andrea Christiansen

LRS oder Legasthenie – worin liegt der Unterschied?

Noch immer herrscht im Gebrauch der Begriffe »Legasthenie« und »LRS« Verwirrung. Beide Begriffe werden nebeneinander für dasselbe Symptom verwendet. Selbst Lehrkräften ist der Unterschied oft nicht bekannt. So ist es leider Glückssache, ob ein Kind rechtzeitig – auch in der Schule – die richtige Förderung erhält.

Doch gerade die konkreten Unterschiede in der Bedeutung beider Lernstörungen sind ausschlaggebend für den Erfolg von Fördermaßnahmen.

LRS, Legasthenie – Begriffserklärungen

Viele Grundschullehrer sind unzureichend über die Erscheinungsformen von Legasthenie informiert.

In der Schule wird bei Schwierigkeiten mit dem Lesen oder Schreiben in der Regel von einer LRS, einer Lese-Rechtschreibstörung gesprochen. Die meisten Grundschullehrer sind nicht darin ausgebildet, den Unterschied zu einer Legasthenie zu wissen und zu erkennen. Das liegt nicht am mangelndem Interesse des Berufsstandes. Nein, das Thema fehlt komplett in der Ausbildung zum Grundschullehrer. Treten dann unterschiedliche Schwierigkeiten bei Schülern auf, können Lehrer diese nicht richtig einordnen.

Noch immer gibt es die Vorstellung, nur ganz bestimmte Fehler, wie das Verwechseln von Buchstaben wie p und q, d und b oder das Verdrehen von Zahlen und Buchstaben seien ein Zeichen für eine Legasthenie, alle anderen Fehler sind eine LRS. Ich höre auch immer wieder Sätze wie »Legasthenie, das ist so ein neumodischer Quatsch. Die Kinder müssen nur mal richtig üben«. Wir sollten also erstmal die Begriffe klären, bevor wir im Thema fortfahren.

Was ist eine LRS?

Eine Lese-Rechtschreibstörung ist eine durch besondere Umstände erworbene Störung. Eine erworbene LRS entsteht, wenn sich in der Vorschulzeit des Kindes Lerndefizite entwickeln. Diese können durch mangelnde Fürsorge (TV-Babysitter, fehlende Sprachförderung etc.) aber auch Krankheit oder ungünstige familiäre Situationen hervorgerufen werden. Auch ein häufiger Lehrerwechsel in den ersten zwei Grundschuljahren kann zu einer erworbenen LRS führen.

LRS ist eine erworbene Störung.

Man hilft diesen Kindern am besten mit liebevoller und geduldiger Nachhilfe in den versäumten Bereichen.

Die erworbene LRS wird auch als Reiferückstand bezeichnet

und sollte vor Erreichen des dritten Schuljahres aufgeholt sein –
was jedoch nicht immer der Fall ist.

LRS bei hypo- und hyperaktiven Kindern

• Häufig leiden auch hyperaktive Kinder unter einer erworbenen LRS. Ihnen fehlt die Fähigkeit, sich längerfristig im Unterricht zu konzentrieren. Dadurch verpassen sie viele Lerninhalte und kommen so ins Hintertreffen. Das Gefühl, zappeln
zu müssen, ist auch hinderlich beim Schreiben. Das Schrift-
bild leidet, und es schleichen sich Flüchtigkeitsfehler ein.

• Auch hypoaktive Kinder (s. S. 118), die nicht besonders auffallen, weil sie immer ruhig und zufrieden wirken, können
eine LRS entwickeln. Diese Kinder brauchen immer wieder
neue Schlüsselreize, um sie aus ihrer überbetonten Ruhe und
damit eben auch aus ihrem Desinteresse herauszulocken.

Eine andere Form der Hypoaktivität entsteht durch zu viele
Reize in der Umgebung. Sie ist eine Form des ADHS. Die Kinder
ziehen sich nach innen zurück. Ihnen kann nur durch Ruhe und
eine reizarme Umgebung geholfen werden. Wenn nicht schon
durch die Vorsorgeuntersuchungen beim Kinderarzt ein vermin-
dertes Hör- oder Sehvermögen entdeckt wird, kann auch diese
Einschränkung zu einer erworbenen LRS führen.

LRS kann auch bei ADHS-Kindern vorkommen.

Wenn Regeln nicht gelernt werden

Die aus der LRS resultierenden Rechtschreibfehler entstehen hauptsächlich durch Unkenntnis des Wortes oder
der Regeln. Hier sind es oft die schwierigen Wörter, die
falsch geschrieben werden. Die leichten und bekannten
Wörter werden in der Regel richtig geschrieben. Bei einer
Legasthenie wäre es eher umgekehrt.

Reine Rechtschreibfehler lassen sich erfolgreich durch gezieltes Rechtschreibtraining beheben. Das Marburger Rechtschreibtraining, welches ein regelgeleitetes Training ist, hat sich hier oft als hilfreich erwiesen. Darüber hinaus ist es sinnvoll, mit dem Kind das Visualisieren des Wortbildes zu üben und mit Hilfe von Wortstammkärtchen den Wortaufbau zu trainieren.

Was ist eine Legasthenie?

Eine Legasthenie wird auch »biogenetische LRS« genannt. Es liegt eine angeborene Veränderung der Entwicklung bestimmter Neuronen im linken Stirnlappen vor, wodurch in einem oder mehreren Teilleistungsbereichen nicht die dem Alter entsprechenden Leistungen erbracht werden können. Es kommt in der Folge zu Schwierigkeiten beim Erlernen des Lesens, Schreibens oder beidem. Ist der mathematische Bereich betroffen, spricht man von einer Dyskalkulie.

Die Symptome einer Legasthenie sind sehr vielfältig. Es gibt nicht das eine gültige Kennzeichen.

Legasthene Kinder verfügen über eine sogenannte »differente Wahrnehmung«. Das bedeutet, aufgrund der andersartigen Entwicklung der neuronalen Verbindungen nehmen sie ihre Umwelt akustisch, visuell und/oder kinästhetisch (begreifend, berührend) anders wahr als ihre Kameraden. So kommt es beispielsweise vor, dass sie Buchstaben auf dem Papier nicht zweidimensional, sondern verzerrt, verschattet oder nicht in Ruhe sehen. Sie können Probleme in der Raumorientierung (rechts/links, oben/unten) oder in der akustischen Wahrnehmung haben. Auch die Unterscheidung verschiedener Buchstaben und Zahlen kann ihnen schwer fallen. Die Symptome einer Legasthenie sind vielfältig und bei jedem Kind anders.

Auf Grund dieser differenten Wahrnehmung kommt es zu einer zeitweisen Unaufmerksamkeit beim Lesen, Schreiben, Zuhören, Rechnen oder auch in mehreren Bereichen. Die Aufmerksamkeit des Kindes ist nicht ganz bei der Sache, die es gerade tut, seine

Gedanken schweifen ab. Es kommt zu Fehlern. Hat das Kind bei der Beschäftigung z. B. mit den Buchstaben ein »komisches Gefühl«, wird es entweder zappelig oder verkriecht sich in sich selbst. Auch das ist bei jedem Kind unterschiedlich ausgeprägt. Das Kind macht demzufolge Fehler, die nicht durch Unkenntnis entstehen, sondern eine Folge der Unaufmerksamkeit sind. Diese nennen sich Wahrnehmungsfehler. Dazu zählt z. B. ein nicht genau gehörter Schlusslaut, der beim Schreiben dann fehlt, oder das Verdrehen bzw. Vertauschen von Buchstaben.

Es ist wichtig, Fehlerarten genau zu unterscheiden.

Anerkennung verweigert

Die Krankenkassen in Deutschland erkennen Legasthenie nicht als Krankheit an, wodurch eine Förderung der Kinder auf Kosten der Krankenkassen nur sehr eingeschränkt möglich ist.

Primär- und Sekundärlegasthenie

Diese zu unterscheiden ist einfach, aber von erheblicher Bedeutung für die Therapie und Förderung Ihres Kindes.

• Eine Primärlegasthenie liegt vor, wenn Ihr Kind Fehler macht, die eindeutig auf einer Legasthenie beruhen. Seine Persönlichkeit, sein Verhalten und seine psychische Gesundheit sind völlig in Ordnung. Es hat die Fehlerhäufigkeit noch nicht »persönlich« genommen, fühlt sich seinen Kameraden noch gleichwertig, und es steht nicht unter besonderem Druck. Wenn jedoch eine primäre Legasthenie nicht rechtzeitig erkannt wird, was leider häufig der Fall ist, und werden daher keine Fördermaßnahmen eingeleitet, entwickelt das Kind verschiedene Störungen. Es beginnt sich mit anderen zu vergleichen und schneidet dabei schlechter ab. Sein Selbstwertgefühl sinkt. Der andauernde Leistungsdruck, das vermehrte Üben

Wenn eine Legasthenie nicht rechtzeitig erkannt wird, entwickeln sich zusätzliche Störungen.

»Ich habe Bauch-weh« ist eine ernstzunehmende Aussage.

ohne positive Ergebnisse beeinträchtigen seine Lebensfreude, die fehlenden Erfolgserlebnisse mindern den Lernwillen.

• Die Sekundärlegasthenie zeigt sich in der Regel durch psychosomatische Symptome wie Bauch- oder Kopfschmerz, Schwindelgefühle, Ängste (vor dem Lehrer, dem Fach, der Schule, den Mitschülern etc.) oder durch allgemeine Unsicherheiten und Verhaltensänderungen. Manche Kinder sind plötzlich ganz still, einige wechseln ständig ihr Verhalten und erscheinen launisch, wieder andere mutieren zum Klassenclown oder zum Schläger. Wird nichts unternommen, können sich aus diesen depressiven Verstimmungen echte Depressionen entwickeln.

Eine Sekundärlegasthenie kann unbehandelt das Legasthenietraining stark negativ beeinflussen, da die ungelösten seelischen Konflikte dem Erfolg im Weg stehen. Daher ist es wichtig, bei der Wahl des Trainers auch diesen Bereich der Ausbildung zu hinterfragen oder ggf. einen Kinderpsychotherapeuten zu Rate zu ziehen.

Die besonderen Merkmale einer Legasthenie

Es gibt eine Reihe von Auffälligkeiten, die anzeigen, ob Ihr Kind von Legasthenie betroffen sein kann.

Als Eltern müssen Sie Ihre Aufmerksamkeit schärfen.

Schon im Vorschulalter lässt sich ein Verdacht durch rechtzeitige Untersuchungen klären. So kann bei der Wahl der Schule darauf geachtet werden, ob dem Kind in seiner anderen Art zu lernen auch richtig begegnet wird. Leider ist dies jedoch in ländlichen Gebieten schwierig, wenn nur wenig Schulangebote vorhanden sind. Hier sind Gespräche mit Schulleitung und Lehrern vor der Einschulung und die Kontaktaufnahme zu einem Legasthenietrainer oder Therapeuten ein Weg, um von Beginn an Schulfrust zu vermeiden. Übungen, die die differente Wahrnehmung überwinden helfen, können rechtzeitig vor der Einschulung begonnen werden. Manchmal lässt sich jedoch erst nach Beginn der Schule erkennen, dass ein Kind Legasthenie hat, besonders wenn nur ein Teilleistungsbereich betroffen ist.

Was sind Teilleistungen?

Darunter versteht man Leistungen in verschiedenen Wahrnehmungsbereichen. Die individuelle Wahrnehmung eines Kindes kann eine Teilleistung verändern. Daher ist eine Wahrnehmungsstörung in den meisten Fällen auch eine Teilleistungsstörung.

Im Folgenden habe ich aufgelistet, welche Auffälligkeiten auf eine Legasthenie hinweisen können. Natürlich werden Sie bei Ihrem Kind nicht alle vorfinden. Es gilt hier, unsere Aufmerksamkeit als Eltern zu schärfen. Da wir täglich mit unseren Kindern zusammen sind, fällt es nicht immer auf, ob alles in Ordnung ist oder nicht. Hier kann auch ein Gespräch mit der Erzieherin im Kindergarten Aufschluss bringen.

Auffälligkeiten im Vorschulalter

- Das Kind hat Probleme, klar artikuliert zusprechen oder die Sprachentwicklung ist im Ganzen verzögert.
- Das Kind denkt schneller als es sprechen oder handeln kann. Es verwechselt Bezeichnungen für Gegenstände, die es kennt. Es lispelt.
- Es hat Schwierigkeiten, sich Bezeichnungen für Objekte und/oder Farben zu merken.
- Es verwechselt Richtungsbezeichnungen und hat Schwierigkeiten mit Reihenfolgen.
- Es verfügt über eine erhöhte Merkfähigkeit bzw. Unterscheidungsfähigkeit in Teilbereichen (z. B.: »Guck mal, die Blume

Prüfen Sie, ob Legasthenie in Ihrer Familie vorkommt.

hat gestern noch nicht geblüht« – eine unter vielen, die sonst niemand bemerkt hat).

- Es ist sehr kreativ und phantasiebegabt.
- Es hat eine gute Auffassungsgabe für konstruktives bzw. technisches Spielzeug.
- Seine Motorik bzw. Raumorientierung weist Defizite auf (Stolpern, Richtung der Gliedmaßen falsch ausgeführt, z. B. Arm nach oben anstatt zur Seite – beobachte ich immer wieder bei Yoga mit legasthenen Kindern).
- Es lässt sich gerne vorlesen, vermeidet aber die Beschäftigung mit Buchstaben und Worten, lernt seinen Namen nur zögerlich zu schreiben.
- Probleme mit Reimwörtern und ähnlich klingenden Lauten sowie der Unterscheidung von nicht passenden Worten.
- Es war kein Krabbelkind, sondern stand früh.

Auffälligkeiten im Schulalter
- Häufiges Verwechseln von ähnlichen Zahlen und Buchstaben.
- Rechts-Links-Schwäche (Verwechseln der Richtungen)
- Uhr und Kalenderdaten werden nur mühsam gelernt, zeitliche Abfolgen bleiben unverstanden.
- Schulkopfschmerz (ist ab und zu das erste Indiz in Klasse 1).
- Fertigkeiten, bei denen die Zusammenarbeiter beider Gehirnhälften von Bedeutung sind (Schleife binden, Seilspringen, Augen-Hand-Koordination) fallen schwer.
- Schwierigkeiten bis hin zur Unfähigkeit, aus Buchstaben Silben und Worte zu bilden.
- Gelesenes wird nicht verstanden, Worte werden nicht gelesen, sondern erraten.
- Eigentlich bekannte Worte müssen immer wieder neu erarbeitet werden, da die Wortbilderinnerung gestört ist (Speicherung unterhalb der Bewusstseinsschwelle).
- Vermeidungshaltungen, Unruhe, Aggression oder Verstimmung beim Erlernen von Lesen, Schreiben oder Rechnen.

- Die Aussprache beim Lesen ist sonderbar, da das Wort nicht als bekannt erkannt wird.
- Für schriftliche Aufgaben wird deutlich mehr Zeit benötigt.
- Das Kind ist desorganisiert.
- Es kann mündliche Anweisungen schwer umsetzen.
- Fremdsprachen werden nur schwer erlernt.

Durch die falsche Reaktionen der Schule und der Eltern entstehen Sekundärsymptome wie ein schwaches Selbstwertgefühl, Ängste bis hin zu Depressionen, psychosomatische Störungen wie Kopf- und Bauchschmerzen, Augenbrennen und Schwindel. Wenig Beachtung findet im deutschsprachigen Raum bisher das Phänomen der unruhigen, tanzenden, verschoben oder mehrdimensionalen Wahrnehmung von Schriftsymbolen. Häufig werden die Kinder nicht gefragt, wie und was sie auf dem Papier sehen. Es wird in der Regel von der zweidimensionalen, unbewegten Wahrnehmung ausgegangen.

Tipp:
Lassen Sie Ihr Kind doch einmal einen Buchstaben beschreiben.

Es können weitere, hier nicht aufgeführte Symptome auftreten, je nachdem, auf welcher Wahrnehmungsebene die größten Schwierigkeiten bestehen. Oft haben Kinder, die unter Dyskalkulie (s. S. 85) leiden, auch eine Legasthenie. Anders herum ist das nicht so häufig der Fall. Worauf das beruht, muss noch näher erforscht werden.

Beispiel: Lena, 8 Jahre

Lena ist in Klasse 2 im zweiten Halbjahr. Sie arbeitet in der Schule nur langsam mit. Das Lesen bereitet ihr große Probleme. Sie braucht lange, um eine Aufgabenstellung zu versehen und dann umzusetzen. Alle anderen sind vor ihr fertig, was Lena sehr frustriert. Sie hat eigentlich keine Lust mehr, zur Schule zu gehen. Zu Hause braucht Lena fast doppelt so lange für die Hausaufgaben und ist schnell erschöpft. Sie klagt über Kopfschmerzen. Auch ihre schriftlichen Arbeiten geben häufig Anlass zu Ärger. Sie hat Schwierigkeiten, die Zeilenvorgabe einzuhalten und quetscht oft den Rest noch in die Reihe. Auch beim Abschreiben von Texten macht sie viele Fehler.

Die Schule hat in Absprache mit der Mutter einen Intelligenztest machen lassen, der zum Erstaunen der Lehrerin ein gutes Ergebnis erzielte (Man geht von durchschnittlicher Intelligenz aus bei einem Wert, der über 90 liegt). Die Lehrerin forderte Lenas Mutter auf, mehr mit Lena zu üben, doch Lena weigert sich inzwischen oft unter Tränen oder mit einem Wutausbruch. Das ist ein typisches Beispiel. Noch mehr üben, was eh schon nicht funktioniert, vergrößert den Frust und das Gefühl, zu dumm zu sein – denn alle anderen können es ja. Besser wäre es, Lena weniger, dafür aber ganz gezielte Aufgaben aufzugeben und sie mit speziellen Übungsprogrammen spielerisch zu unterstützen, damit sie die Freude und die Lust am Lernen wiederfindet.

Vermehrtes Üben erhöht den Druck, das Kind leidet noch stärker.

Die Zeichen ernst nehmen

Kinder sind von Natur aus neugierig. Daher ist Lernunlust immer ein Zeichen dafür, dass etwas nicht stimmt. Manchmal stimmt die Chemie zwischen Lehrer und Schüler nicht, manchmal sehnt ein Kind sich danach, noch klein zu sein (z. B. wenn noch kleinere Geschwister da sind, die keine Hausaufgaben machen), manchmal liegt es aber eben direkt am Lernen selbst.

Eine Klasse wiederholen?

In unserem derzeitigen Schulsystem schadet das Wiederholen einer Klasse der kindlichen Psyche auf Dauer weniger als das Durchschleifen.

Von einem Schulsystem mit individuellen Lehrplänen, das den Kindern die Chance gibt, in jedem Fach seinen Fähigkeiten entsprechend gefördert zu werden, sind wir noch weit entfernt.

Es ist immer wichtig, diese Zeichen ernst zu nehmen und einen Lösungsweg zu finden. Die Schulzeit ist lang. Danach hört das Lernen jedoch nicht auf. Wird die innere Einstellung zum Lernen schon früh gestört, ist ein Lebensweg mit wenig Freude und vielen Anstrengungen vorprogrammiert.

Auch das vermeintlich wohlwollende Streichen einer Klassenwiederholung in den Schulgesetzen halte ich für nicht sinnvoll. Hat ein Kind den Lernstoff einer Klasse, aus welchen Gründen auch immer, nicht geschafft, wird es in der folgenden Klasse weniger Möglichkeiten haben, sein Wissen zu erweitern, da ihm die Basis des Vorangehenden fehlt. Es wird auch weiterhin nur Unterdurchschnittliches leisten und sich als Folge davon für einen Versager halten.

Kinder wie Lena brauchen jedoch einfach mehr Zeit. Hat Lena durch spezielle Übungen ihre Schwierigkeiten überwunden, wird ihr auch das Lernen wieder leichterfallen. Sie wird wahrscheinlich immer etwas langsamer sein als ihre Mitschüler. Bei richtiger Unterstützung wird ihr trotzdem das Lernen und damit das Entdecken ihrer Welt weiterhin Freude bereiten. Auch das Verhältnis von Lena zu ihren Lehrern und zu ihren Eltern kann ein gutes und unterstützendes sein, im Gegensatz zu einem Verhältnis mit Zwang und Strafen.

Wenn Kinder wiederholt »versagen«, dann garantiert nicht mit Absicht.

Differente Wahrnehmung – was bedeutet das?

Das Gehirn eines Menschen verändert sich permanent durch die Sinneseindrücke, die es aufnimmt und verarbeitet.

Das neuronale Netz (also die Nervenzellen und deren Verbindungen) wächst nach der Geburt rasant. Jeder Sinneseindruck führt dazu, dass weitere Verbindungen hergestellt werden.

Heute ist die Hirnforschung in der Lage, diese Entwicklung und auch die Hirnaktivität bei bestimmten Tätigkeiten genau darzustellen.

So zeigt z. B. ein Geiger eine deutlich stärkere Entwicklung der Hinbereiche für seine linke Hand als für seine rechte Hand. Die linke Hand muss die Saiten spüren und für die Tonveränderung Druck ausüben, die rechte führt eher gleichmäßig den Bogen.

Das menschliche Gehirn wächst mit den Anforderungen.

Die sensorische Erfahrung der linken Hand ist somit deutlich größer. Anders ein Klavierspieler, dessen Gehirnareale für beide Hände gleich ausgeprägt sind, da beide Hände gleichviel Bewegung und Tastenkontakt erfahren.

Für die Entwicklung der Wahrnehmungsbereiche eines Kindes ist also eine vielfältige Erfahrung auf möglichst vielen Sinnesebenen notwendig. Das heißt jedoch nicht, dass dem Kind extrem viele Reize angeboten werden sollten, z. B. Unmengen an Spielzeug. Ganz im Gegenteil. In den modernen Kinderzimmern gibt es davon schon mehr als genug. Die Kinder sind visuell überfrachtet. Besonders legasthene Kinder mit einer hohen Auffassungsgabe werden von zu vielen visuellen Reizen überfordert, auf die sie sich nicht alle konzentrieren können, was zur Folge hat, dass sie die Bedeutung der Dinge nicht begreifen.

Die Funktionalität des Gehirns

Gemeint ist das Begreifen im wahrsten Sinne des Wortes. Die sensorischen Hirnareale liegen oben im Gehirn und werden durch Berührungsreize angeregt. Diese wandern dann zur Verarbeitung nach innen. Dort befinden sich gut zehn Millionen

Das Gehirn benötigt Erfahrungen von außen, um sich umzustrukturieren.

Mal mehr neuronale Verbindungen. Das bedeutet, dass das Gehirn überwiegend mit dem Einordnen und Bewerten von Sinneseindrücken beschäftigt ist. Es benötigt aber immer wieder neue Erfahrungen von außen, um sich umzustrukturieren. Auf die daraus entstandenen Erfahrungen und Fertigkeiten kann nun in der Folge zurückgegriffen werden.

Die Entwicklungsfähigkeit der Neuronen ist jedoch auch genetisch bedingt. Für legasthene Kinder bedeutet dies folgendes: Die angeborenen Defizite in bestimmten Arealen können durch regelmäßige Übungen mit speziellen Trainingsverfahren je nach

Stärke der Störung nachtrainiert werden. Auch wenn sich nicht alles dadurch auffangen lässt, kann sich die schulische Leistung dadurch doch merklich verbessern.

Darüber hinaus haben Dr. Schulte-Körne und sein Team bei ihren Untersuchungen im Rahmen einer Studie der Kinder- und Jugendpsychiatrie der Universitätsklinik Marburg festgestellt, dass die Aktivierung der für die jeweilige Teilleistung benötigten Hirnareale bei legasthenen Kindern deutlich langsamer und geringer ausfällt als bei nicht betroffenen Kindern.

Ganzheitlich wahrnehmen = ganzheitlich lernen

Wichtig für Ihr Kind ist es, Buchstaben, Worte und Zahlen möglichst frühzeitig ganzheitlich zu erfahren. Der erste Kontakt zu neuer Erfahrung ist häufig visuell. Das Kind sieht etwas und möchte mehr darüber erfahren. Es beginnt, das »Ding« zu betasten und in den Mund zu stecken. Fingerspitzen, Lippen und Zunge sind äußerst sensitiv. Auf diese Weise werden sehr viele Reize – also Informationen – über das »Ding« an das Gehirn gemeldet und dort mit schon vorhandenen Erfahrungen verglichen. Das In-den-Mund-nehmen gibt gleichzeitig Geschmackserfahrungen weiter, die ebenfalls eingeordnet werden. Ein intensiver Geschmack wird natürlich anders bewertet als ein neutraler und führt in der Zukunft zu anderen Erinnerungen. Viele Eltern versuchen, ihrem Kind dieses »Lernen durch den Mund« abzugewöhnen, in der Meinung, dies sei unappetitlich und könne Krankheiten fördern. Natürlich kann sich ein Kind mit Keimen infizieren, die an dem Gegenstand haften, den es gerade untersucht. Das schadet in der Regel nicht. Kleine Kinder sind häufig krank, da das Immunsystem durch den Kontakt mit Keimen geschult wird. Eine Überbesorgtheit und das häufige Benutzen von keimtötenden Reinigungsmitteln im Haushalt sorgen eher dafür, dass ein Kind schwächlich und anfällig bleibt.

Das »Begreifen« ist von elementarer Bedeutung. Erlauben Sie Ihrem Kind vielfältige Sinneseindrücke.

Viel Bewegung an frischer Luft zu jeder Jahreszeit zusammen mit einer Schulung (und damit Stärkung des Immunsystems) durch ganz normale Kontakte mit Gegenständen, die ruhig auch mal schmutzig sind, machen das Kind dagegen auf lange Sicht robuster gegen Krankheiten und Allergien.

Zu den taktilen, geschmacklichen und olfaktorischen (Geruchs-) Erfahrungen kommt nun die erklärende Stimme der Bezugsperson. Die Ohren nehmen einen Begriff wahr, der mit dem »Ding« und den schon bestehenden Wahrnehmungen verbunden wird. So ist z. B. die Spielzeugente ganzheitlich erfahren worden. Das Kind kann der Form »Ente« einen Laut »Ente« zuordnen. So lernt es seine Muttersprache. Wer viel mit seinem Kind spricht, unterstützt die Entwicklung aller Sinne, die mit Sprache zu tun haben und sorgt dafür, dass dem Kind auch später in der Schule der Umgang mit Sprache leichter fällt.

Sprechen Sie viel und deutlich mit Ihrem Kind.

Auf die Frage, warum im speziellen Training nicht alle Lerneinheiten auf verschiedenen Wahrnehmungsebenen gleichzeitig gelernt werden sollten, wird im Kapitel über das richtige Automatisieren (s. S. 45 und S. 106) näher eingegangen.

Die Wahrnehmungsebenen

Die Sinne »Hören« und »Sehen« werden als Fernsinne bezeichnet, Tastsinn, Geschmack und Geruch sind die sogenannten Nahsinne. Zusammen ergeben sie unsere »Fühler« zur Entdeckung unserer Umwelt.

Ist nun die Wahrnehmung Ihres Kindes aufgrund seiner genetischen Disposition anders als die seiner Schulkameraden, bedeutet dies, es sieht, hört oder fühlt anders, es nimmt den Unterrichtsinhalt anders wahr.

Ein einfaches Beispiel: Sie spielen einigen Kindern eine einfache Szene mit einer Handpuppe vor. Danach soll jedes Kind schildern, was passiert ist. Sie werden nun einige unterschiedliche

Geschichten hören. Sogar die Beschreibung der Handpuppen gleicht sich nicht. Ein Kind wird genau sagen können, welche Kleidung oder Haarfarbe die Puppen hatten, ein anderes wird die Handlung genau nacherzählen können. Jedes Kind hat die gespielt Geschichte anders wahrgenommen. Je nachdem, welcher »Kanal« besonders gut ausgebildet ist, wird es genau diesen Bereich gut wiedergeben können, andere Dinge aber nicht. Dies ist ganz normal. Problematisch wird es erst, wenn aufgrund einer eingeschränkten Wahrnehmung auf einem oder mehreren Wahrnehmungskanälen das Lernen, so wie es in der herkömmlichen Schule stattfindet, beschwerlich wird.

Jeder Mensch nimmt Ereignisse unterschiedlich wahr.

Um herauszufinden, warum ein Kind Schwierigkeiten beim Lernen hat, untersuchen wir, welche Wahrnehmungsbereiche, auch Teilleistungen genannt, anders funktionieren als bei der Mehrheit der Schulkameraden.

Zu den Wahrnehmungsbereichen gehören:
- Optische Wahrnehmung
- Akustische Wahrnehmung
- Sinneswahrnehmung

Außerdem gibt es die Intermodalität, die das Zusammenwirken von mehreren Wahrnehmungsebenen bzw. Teilleistungen beschreibt und die Serialität, bei der es um die richtige zeitliche Abfolge der Teilleistungen geht.

Beispiel: Karina, 8 Jahre

Karina hat Probleme mit der optischen Differenzierung, der Raumorientierung und mit Reihenfolgen, also Serialitäten. Sie sagt z. B. »Monika kommt um vier oder um drei Uhr zum Spielen«. Uhrzeiten kann sie sich nur schwer merken und einordnen. Die gestörte Raumorientierung bezieht sich auch auf das Zeitempfinden. Aber auch die Reihenfolgen von Buchstaben sind ein Problem für sie. Karina schreibt z. B. »Dre Ball its rnud.« Ihr fällt der Unterschied zum richtig geschrieben Wort nicht auf, hier wäre die optische Differenzierung gefragt, um die Worte zu erkennen.

Die richtige Reihenfolge der Buchstaben ist Aufgabe der optischen Serialität. Weder das Wortbild, noch die Reihenfolge der Buchstaben kommen Karina komisch vor. Die Fähigkeit, Wortbilder wiederzuerkennen, ist nicht entwickelt. Erst wenn sie versucht, das geschriebene Wort Buchstabe für Buchstabe zu lesen, wird sie stutzig. Würde Karina nun einzig und allein durch Diktate und Abschreiben das Problem lösen wollen, wäre der Frust bald nicht mehr zu ertragen. Sie würde die Fehler kaum erkennen und damit nichts verbessern können.

Diktate bilden lediglich die Leistungs- und Konzentrationsfähigkeit unter Druck ab, ohne die korrekte Rechtschreibung zu vermitteln.

Spezielle Übungen, zum Beispiel das Ablaufen von Buchstaben (bei gleichzeitigem Benennen), die auf dem Boden ausgelegt wurden (am Tisch lässt sich dies mit dem Finger auf Buchstabenfiguren üben) ist ein Schritt in die richtige Richtung, sollte aber nicht als Hauptübung eingesetzt, sondern zur Auflockerung benutzt werden. Karina kann auf diese Weise ein Wort mit dem ganzen Körper erfahren. Diese Erfahrung unterstützt das Einprägen der Buchstaben für die Buchstabierübungen. Karina sollte auch darin unterstützt werden, das Wort in der Vorstellung zu visualisieren und dann vorwärts und rückwärts zu buchstabieren. So gelangen die richtige Reihenfolge und das richtige Wortbild ins Langzeitgedächtnis.

Ein Kind, das gerne etwas anfasst, berührt dabei die einzelnen Buchstabenfiguren, ohne hinzusehen und verknüpft das visualisierte Wort zusätzlich mit einem guten Gefühl, z. B. dem weichen Fell des Lieblingsstofftieres. So gibt der Körper ein positives Signal, wenn das Wort als richtig geschrieben erkannt wird. Kinästhetische (gefühlsorientierte) Kinder antworten auf die Frage: »Woran erkennst du, dass das Wort richtig geschrieben ist?« – »Es fühlt sich gut an«. Visuell orientierte Kinder sagen »Das sieht gut aus«. Spiele, die die optische Differenzierung fördern wie z. B. Differix (s. S. 71), fördern die optische Wahrnehmung kleiner Unterschiede.

Wie nimmt mein Kind seine Umwelt wahr?

Die Schwierigkeit für Eltern, Lehrer und Erzieher besteht oft in der Frage, wie sie die Wahrnehmungsfähigkeiten eines Kindes beurteilen oder testen können. Muss dafür in jedem Fall ein Arzt oder Psychologe teure Testverfahren durchführen, oder lässt sich nicht auch auf anderen Wegen erkennen, ob ein Kind Wahrnehmungsdefizite hat?
Nun, Eltern verbringen oft viel Zeit mit ihren Kindern beim Spielen oder Basteln. Ist dies aus beruflichen Gründen nicht der Fall, so sind es andere Bezugspersonen wie z. B. Erzieher im Kindergarten, die sich für einige Zeit ein Kind einmal ganz bewusst ansehen und seine Fertigkeiten beurteilen können. Dies lässt sich spielerisch in den Tagesablauf einbringen.

Hilfreiche Beobachtungen
- Hören Sie genau hin, wenn Ihr Kind Ihnen etwas erzählt. Spricht es deutlich? Oder fehlen Anfangs- bzw. Endlaute?
- Kann es mehrere Sätze sprechen und den Inhalt in einer logischen Reihenfolge erzählen oder müssen Sie den »Wortsalat« erst sortieren?
- Kann es Liedertexte gut merken? Spricht es Kinderreime gut nach? Oder bleibt es beim Singen und Reimen lieber still bzw. verwechselt Strophen?
- Hat es Probleme, Rhythmen nachzuklopfen?
- Spricht es Worte wiederholt falsch aus oder erfindet eigene?
- Hört es scheinbar schlecht zu und kann das Gehörte schlecht wiedergeben (wirkt fahrig und vergesslich)?
- Ist es unordentlich, findet es auch in seiner eigenen Ordnung Dinge nicht wieder?
- Verwechselt es Richtungsbezeichnungen?
- Weiß es beim Spielen mit anderen nie, wann es dran kommt?
- Hat Ihr Kind kaum gekrabbelt, dafür ist es früh gelaufen?
- Rudert es beim Laufen mit den Armen oder stolpert oft?

Beobachten Sie Ihr Kind, ohne dass es sich beobachtet fühlt.

- Kann es nur schlecht klettern und fühlt sich unsicher auf unebenem oder schwankendem Boden und Treppen (liegt auch nicht gern in der Hängematte)?
- Kann es nur schwer rückwärts gehen?
- Ist es ein schlechter Turner, kann z. B. keine Rolle üben und nicht auf einer Linie gehen?
- Lernt es nur mühsam, Schleifen zu binden?
- Hat es Schwierigkeiten beim Anziehen (auch bei der Reihenfolge der Kleidungsstücke)?
- Kann es nicht gut mit der Schere schneiden, Papier falten, Perlen aufziehen u. ä.?
- Hat es Probleme mit Uhrzeiten?
- Malt es über den Rand bzw. beim Schreiben über die Linie?
- Verdreht es Zahlen und/oder Buchstaben in ihrer Darstellung oder in der Reihenfolge?
- Mochte es im Vorschulalter nicht seinen Namen schreiben?
- Kann es nur schlecht »Fehlerbilder« ankreuzen, weil es die Unterschiede nicht sieht?
- Kann es Muster weder richtig herum noch spiegelverkehrt richtig nachzeichnen?
- Bezeichnet es Farben oder Gegenstände mit den falschen Begriffen?
- Kann es Größen, Mengen und Entfernungen nur schlecht abschätzen?
- Ist es vollkommen aufmerksam und konzentriert bei Dingen, die es sehr interessieren, lässt sich sonst aber schnell ablenken?
- Wird es zappelig, wenn es lesen, schreiben oder rechnen soll?

Die meisten der aufgeführten Beobachtungen lassen sich schon im Vorschulalter machen, aber auch im Grundschulalter sind sie eine Hilfe bei der Einschätzung von Wahrnehmungsdefiziten. Sprechen Sie mit dem Lehrer oder dem Erzieher über Ihre Beobachtungen und fragen Sie, ob in Schule oder Kindergarten Ähnliches aufgefallen ist.

Legasthenie oder fehlende Intelligenz in Deutsch?

In diesem Kapitel geht es vorrangig um das Beobachten und Erkennen von Störungen im Bereich des Lesens und Schreibens bei Ihrem Kind. Sie erfahren, ob eine frühe Diagnose sinnvoll ist und welche Fördermöglichkeiten es zu Hause wie auch in der Schule gibt, die Ihrem Kind helfen. Spielend üben ist die Zauberformel, die man überall, auch unterwegs anwenden kann.

Die Diagnose der Legasthenie

Ist Ihnen etwas an der Wahrnehmungsfähigkeit Ihres Kindes aufgefallen und von anderen Bezugspersonen bestätigt worden, ist es an der Zeit, sich genauer damit zu beschäftigen. Der erste Ansprechpartner auf ärztlicher Seite sollte Ihr Kinderarzt sein. Bereiten Sie sich auf das Gespräch vor, indem Sie Ihre Beobachtungen notieren und auf diese Weise möglichst genau schildern

Lassen Sie sich nicht vertrösten, reagieren Sie schnell.

können. Lassen Sie sich nicht abweisen oder mit Bemerkungen über unterschiedliche Entwicklungen von Kindern beruhigen. Letzteres ist zwar zutreffend, doch eine frühzeitige Diagnostik schadet nicht. Im Gegenteil, dem Kind kann so *rechtzeitig* Unterstützung geboten werden.

Leider wird das Argument der unterschiedlichen Entwicklung besonders häufig von Lehrern verwendet, wenn sie die Symptome einer Legasthenie nicht richtig einschätzen können. Aber ist das Kind bereits in der dritten Klasse, wird eine Therapie schon deutlich schwieriger, da oft gleichzeitig versucht wird, im Schulstoff mitzuhalten. Das ist jedoch ein unmögliches Unterfangen und für das betroffene Kind eine Quelle von Frust und Stress.

WER testet Ihr Kind?

Werden Untersuchungen von Ärzten und Pädagogen in verschiedenen Bereichen durchgeführt, spricht man von »multiaxialer Diagnostik«.

Der Augenarzt und der Halsnasenohrenarzt untersuchen, ob diese Organe gesund sind, denn auch Seh- und Hörfehler können eine Ursache für Ihre Beobachtungen sein. Eine Untersuchung des Innenohrs kann ggf. Aufschluss über Unsicherheiten in der Bewegung des Kindes geben, falls das Gleichgewichtsorgan betroffen ist. Ein Kinderneurologe wird die Hirnfunktionen überprüfen, besonders, wenn es in der Schule schon zu Auffälligkeiten im Bezug auf das Lernen gekommen ist. Achten Sie darauf, dass diese Tests nicht nur in Ruhe, sondern auch unter Lernbelastung durchgeführt werden. Ein Kinderpsychologe führt einen IQ-Test durch, wenn möglich sollte ein erweiterter IQ-Test gewählt werden, der auch schon Lesefähigkeiten mit untersucht. Ein Legasthenietrainer kann ggf. ebenfalls Wahrnehmungsdefizite untersuchen, z. B. mit dem in den USA entwickelten AFS-Test (s. S. 78), der diplomierten Legasthenietrainern zur Verfügung steht, bzw. mit den Testverfahren DP I und DP II von Prof. Helmut Breuer und Dr. Maria Weuffen. Letztere befassen sich mit der Wahrnehmung von Sprache (s. S. 33). Der BUEGA*-Test ist sehr umfassend für Wahrnehmungen, Konzentration, Lesen, Schreiben, Rechnen und die Intelligenz.

*Basisdiagnostik Umschriebener Entwicklungsstörungen im Grundschulalter, Hogrefe Verlag

Im Vorschulalter lassen sich auch mit dem sogenannten »Frostig-Test«, zum ersten Mal 1961 von Dr. Marianne Frostig in Amerika herausgegeben, die visuelle Wahrnehmung, die visumotorische Koordination (Sehen mit Bewegung koordinieren) und die Raumorientierung überprüfen.

Folgende Testverfahren sollten Anwendung finden:
- Untersuchung auf körperliche Beeinträchtigung
- Untersuchung der Hirnfunktion
- Logopädische Untersuchung und Untersuchung der Sprachentwicklung
- Untersuchung grob- und feinmotorischer Fähigkeiten
- Untersuchung der phonologischen Bewusstheit
- Wahrnehmungstest z. B. AFS-Test, Frostig-Test u. ä.
- Spezielle Tests zur Lese- und Schreibentwicklung**
- Dyskalkulietest***

**z. B. Münsteraner Rechtschreibanalyse MRA, Hamburger Leseprobe HLP 1 - 4, Züricher Leseprobe, BAKO 1 - 4 Basiskompetenzen für Lese-Rechtschreibleistungen

***z. B. Eggenberger Rechentest ERT 1 + ff., EMBI – Elementar Mathematisches Basisinterview, Kalkulietest und Trainingsmaterial, Cornelsen Verlag

Im Vorschulalter bietet sich das Bielefelder Screening (BISC) an (s. S. 128). Der Test wird mittels CD und Bilderbuch durchgeführt und dauert etwa 30 Minuten. Er ist schnell ausgewertet und stellt die Ergebnisse der Testteile anschaulich grafisch dar. Untersucht wird z. B. die Fähigkeit der Kinder, Silben, Reime, betonte Vokale oder andere Lautmerkmale von Wörtern zu analysieren oder das Vermögen, graphische Symbole oder Lautverbindungen aufmerksam zu speichern und schnell aus dem Gedächtnis abzurufen. Ab vier Risikopunkten besteht die Möglichkeit, dass sich bei diesem Kind eine LRS entwickeln kann. Dann sollte es gezielt gefördert werden.

Die darauf aufbauenden beiden Übungsprogramme »Hören, lauschen, lernen« verbessern die Fähigkeiten im Lesen und Schreiben in der Schule dann deutlich (s. S. 83 f.).

Das richtige Training

Ist die Diagnose gestellt worden, kann das richtige Training für Ihr Kind gefunden werden. Dies sollte in der Methodik offen sein, damit dem Kind jeder erdenkliche Förderweg zugute kommt und stets ein Einzeltraining sein. Viele, zum Teil recht teure Institute werben mit modernem Computertraining in Kleingruppen bis zu drei Kindern. Sehr überzeugend sind die Konzepte, die ich kenne, nicht: Die Kinder werden häufig nach einer kurzen Unterweisung in das Programm am PC sich selbst überlassen. Das gedankliche und sprachliche Reflektieren der Übungen, welches maßgeblich für den Lernerfolg ist, unterbleibt. Wenn Ihr Kind gern am PC übt, empfehle ich Lern-CDs (s. S. 75), die die Möglichkeit gemeinsamen Übens offen lassen. Auch als Elternteil können Sie mit dem Kind über die Lerninhalte sprechen und damit den Erfolg verbessern.

Am PC sollte Ihr Kind nicht allein üben. Es braucht Ihre Hilfe!

Falsche Scheu verhindert Glück

Manche Eltern scheuen sich, fachlichen Rat anzunehmen. Sie sorgen sich darüber, dass ihr Kind als »geistig behindert« angesehen werden könnte, wenn es im Lernen starke Defizite zeigt

und eine Therapie nötig ist. Der Humangenetiker Professor Tiemo Grimm von der Universität Würzburg, selber Legastheniker, äußerte sich einmal so: »Man wird zwar immer Fehler machen, aber eben so weit lesen und schreiben lernen, dass die berufliche Laufbahn nicht gefährdet ist. Das sieht man auch an mir: Ich habe trotz meiner Legasthenie Medizin studieren können und bin Hochschullehrer geworden.«
Das ist jedoch nur möglich, wenn dem Kind rechtzeitig konkrete und individuell konzipierte Hilfe zuteil wird. Wird Legasthenie oder Dyskalkulie nicht behandelt, kommt es unweigerlich zu psychischer Beeinträchtigung.

Wird Legasthenie behandelt, kann sie die berufliche Laufbahn nicht gefährden.

Wichtiges von Unwichtigem unterscheiden

Es ist nicht wichtig, wer wie von Ihrem Kind denkt. Aber es ist wichtig, wie Ihr Kind von sich selbst denkt. Wer schon im Schulalter glaubt, er sei zu dumm, zu langsam, nicht gleichwertig, dem werden diese Glaubenssätze ein Leben lang Probleme bereiten.

Eine frühzeitige Förderung bestärkt Ihr Kind in seinem Selbstwertgefühl dadurch, dass sich seine schulischen Leistungen bessern und es nicht als Versager dasteht. Langfristig bauen Sie auf diese Weise positiv am Glück Ihres Kindes.

Frühe Diagnose und vernünftiges Unterrichtsmaterial

Untersuchungen von Prof. Breuer und Dr. Weuffen belegen, wie wichtig frühzeitiges Erkennen und Handeln für die Schullaufbahn des Kindes ist. Sie warnen in ihrem Buch »Lernschwierigkeiten am Schulanfang« davor, dass die negative Langzeitwirkung von Lernschwierigkeiten am Schulanfang durch gut gemeinte Verströstungen in Gang gesetzt werden kann: »Auch Fachleute äußern gegenüber den Eltern leider die häufige Meinung, die Schwierigkeiten würden sich bald ›auswachsen‹ und ganz von allein im Verlaufe der Zeit verschwinden. Geduld sei angezeigt«.

Die Realität beweist, dass damit falschen Hoffnungen das Wort geredet wird. In vielen Fällen kommt es zur Verschärfung des Konflikts. Tatsächlich, so erläutern die Autoren, verbessern sich lediglich 8% der betroffenen Kinder. 25% verschlechtern sich sogar nach der ersten Klasse in unterschiedlichem Ausmaß, wobei falsche Unterrichtsmethoden wie »Lesen durch Schreiben«, »Freies Schreiben« oder die »Rechtschreibwerkstatt« die Situation noch verschärfen.

Aktuelle Erkenntnisse brauchen lange, um in den Schulen anzukommen.

Durch ihre Untersuchung »Rechtschreibung und Rechtschreibunterricht« fanden Prof. Dr. Gerhard Augst und Prof. Dr. Mechthild Dehn (s. S. 126) heraus, dass nach diesen und ähnlichen Methoden unterrichtete Kinder nicht nur die bei weitem schlechteren Rechtschreiber waren, sondern auch beim Verfassen von freien Texten nicht mithalten konnten. Nach dem ersten Schulhalbjahr schrieben die Fibelkinder pro Text 22 Wörter, die nach o. g. Methoden unterrichteten Kinder im Durchschnitt zehn Wörter pro Text, diese dann leider auch mit katastrophaler Rechtschreibung.

Gerade wenn Ihr Kind Auffälligkeiten im Schriftspracherwerb zeigt, ist es von großer Bedeutung, auch auf die im Unterricht verwendete Methode zu gucken.

Nicht jede Methode ist für jedes Kind gut.

Es ist möglich, dass ein nicht-legasthenes Geschwisterkind mit der »Rechtschreibwerkstatt« u. ä. gut gelernt hat, das legasthene Kind wird daran scheitern. Scheuen Sie nicht, dies auch in der Schule deutlich zu machen. Die wissenschaftlichen Überprüfungen der Methoden bestätigen deren fatale Folgen für die Schullaufbahn der Kinder.

Die Sprachentwicklung in den ersten drei Lebensjahren

Gerade die ersten drei Lebensjahre prägen die Sprachentwicklung und damit spätere Fähigkeiten im Umgang mit
Sprache in der Schule.

- Mit etwa sechs Monaten: Silben lallen und Satzgrenzen
  erkennen, das Kind achtet auf rhythmische Merkmale
  wie Pausen und Betonungen.
- Ab etwa acht Monaten: Wortgrenzen identifizieren und
  einzelne Phoneme zu bedeutungstragenden Worten zu-
  sammensetzen. Erst jetzt kann das Kind Worte lernen.
- Mit etwa zehn Monaten: passiver Wortschatz von
  ca. 60 Wörtern. Das Kind versteht sie, kann sie aber
  noch nicht aussprechen.
- Ab dem ersten Lebensjahr: Beginn, erste Wörter zu
  produzieren, Ein-Wort-Phase. Das ist der Zeitpunkt, zu
  dem Kinder auch beginnen, die Zusammenhänge einzelner Wörter richtig zu interpretieren.
- Mit etwa eineinhalb Jahren beginnen sie die Syntax
  ihrer Muttersprache zu verstehen und haben einen
  aktiven Wortschatz von 30-60 Wörtern. Dabei handelt
  es sich um einfache Nomen, Verben und Adjektive.
- Ab dem zweiten Lebensjahr nimmt der Wortschatz
  rasant zu, und sie bilden die ersten Zwei-Wort-Sätze.
- Mit ca. drei Jahren lernen sie zunehmend vollständige
  Sätze zu bilden, ein Wortschatz etwa 1000 Wörtern
  steht ihnen dabei zur Verfügung.

Quelle: Prof. Christoph Herrmann/Dr. Dipl. Psychologe Christian Fiebach:
Gehirn & Sprache, Frankfurt am Main 2004

Polypen im Nasen-Rachen-Raum können die Entwicklung der Hörverarbeitung stark beeinträchtigen.

Die Entwicklung im Vor- und Grundschulalter

Was sollte mein Kind im Alter von fünf bis sechs Jahren schon können?
Diese Frage stellen sich viele Eltern vor Beginn der Schulzeit.
Einige Kinder können schon fließend bis zehn zählen und kennen alle Buchstaben im Alphabet, schreiben die Namen aller Familienmitglieder und lesen einfache Worte. Diese Fertigkeiten sind aber kein Standard vor der Einschulung.

Jedes Kind hat beim Lernen sein eigenes Tempo. Jedes Kind entwickelt sich in seinem eigenen Tempo. Hier finden Sie eine Liste mit Fähigkeiten und Fertigkeiten, die in der Regel von einem fünf- bis sechsjährigen Kind beherrscht werden. Ist dies nicht der Fall, könnte eine spezielle Förderung notwendig werden. Sprechen Sie darüber mit Ihrem Kinderarzt.

Optische Wahrnehmung
- sortiert drei Oberbegriffe, z. B. Autos in eine Schachtel, Figuren in eine andere …
- setzt zehn Formen richtig in Lochvorlagen ein
- erkennt Unterschiede in Bildern (Fehlerbild-Spiel)
- kann Bilder beschreiben
- unterscheidet einzelne Buchstaben (etwa fünf bis acht)
- kennt die Zahlen bis fünf

Feinmotorik
- steckt zehn Perlen in eine Flasche
- Scherenschneiden an Linien entlang
- fädelt eine Stopfnadel ein
- je Bein fünf Sekunden balancieren
- einige Schritte rückwärts gehen
- zwei Hüpfer auf einem Bein
- gerades Aufstehen über das Sitzen am Boden
- kann eine »Hasenohr-Schleife« binden (zwei Schlaufen werden geknotet)

Sprache
- benennt drei Farben, dazu Schwarz und Weiß
- spricht vier Zahlen in der richtigen Reihenfolge nach
  (z. B. 6, 3, 7, 2)
- spricht Fünf-Wortsätze (Mama bringt Oma schöne Blumen.)
- kann einfache Beschreibungen und Erklärungen abgeben

Akustische Wahrnehmung und Wortverständnis
- versteht die Bedeutung von schief/gerade, rau/glatt, flüssig/fest
- zeigt drei genannte Berufe auf Bildern
- hört Sinnwidriges heraus (z. B.: Der blaue Apfel ist endlich
  reif.)
- kann Töne unterscheiden (kleine Tonleiter)

Raumwahrnehmung
- kann am eigenen Körper rechts und links zeigen
- kennt oben, unten, vorne, hinten
- kann mit geschlossenen Augen einige Schritte geradeaus gehen

Sozialkontakt
- spielt gern Elternrollen
- achtet auf sein Eigentum
- zeigt Wetteifer im Spiel
- vermittelt im Streit zwischen Kameraden

Eltern haben viele Fragen

Die Entwicklung unserer Kinder wirft immer wieder Fragen auf, besonders in einer Gesellschaft, die schon bei ganz kleinen Kindern einen so starken Leistungsaspekt im Blick hat. Doch dürfen wir nie vergessen, dass jeder Mensch eine ganz universelle Persönlichkeit ist. Auch wenn in unserer Gesellschaft versucht wird, alles und jeden in eine Norm zu pressen: Jedes Kind ist

Vergleiche mit Kindern im gleichen Alter sind normal, doch: Ihr Kind ist einmalig!

einzigartig und entwickelt sich in seinem eigenen Tempo. Dennoch können, wie schon erwähnt, bestimmte Fähigkeiten und Verhaltensweisen Aufschluss geben, ob sich ein Kind auf allen Ebenen normal entwickelt. Darum beantworte ich hier einige der wichtigsten Fragen:

Meine Tochter krabbelte als Kleinkind nicht. Sie kann auch schlecht die Balance halten. Nun sagt die Kindergärtnerin, dies könnte ein Zeichen für Legasthenie sein. Stimmt das?
Ja, eine verkürzte Krabbelphase und Schwierigkeiten mit der Körper-Raum-Einheit können auf eine Legasthenie hinweisen. Wenn Ihr Kind auch ungern zum Turnen geht, klettert, Rad fährt etc., wären genauere Untersuchungen zu empfehlen.

Mein Sohn (4) will im Kindergarten nie malen. Er spielt nur mit Autos. Ist das bedenklich?
Es ist möglich, dass Ihr Sohn mit den Begrenzungen eines Papierbogens nicht zurechtkommt. Seine räumliche Wahrnehmung könnte anders entwickelt sein als bei anderen Kindern. Spielt er mit Autos, kann er sich frei bewegen. Die Formen, z. B. einer Blume, auszumalen, fällt ihm schwer, wenn er Begrenzungen schlecht erkennt oder feinmotorisch nicht gut darauf eingehen kann. Prüfen Sie beim Spielen, ob Ihr Sohn in erster Linie »grobe« Dinge tut, aber allem, was etwas mehr Fingerfertigkeit verlangt, aus dem Weg geht (z. B. Perlen sortieren und auffädeln, kleine Bausteine aufstapeln oder Mikado spielen). Ein Ergotraining kann ihm helfen, diese Defizite zu überwinden.

Wenn Sie unsicher sind, ob mit der Wahrnehmnung Ihres Kindes etwas nicht stimmt, fragen Sie Ihren Kinderarzt.

Bei den Vorschulaufgaben zeigt meine Tochter (5) eine ihr sonst völlig unbekannte Ungeduld. Sie will lieber nichts tun oder nur schnell fertig werden. Was soll ich davon halten?
Es ist möglich, dass Ihre Tochter eine Legasthenie hat. Beschäftigt sie sich mit Aufgaben, die ein unangenehmes Gefühl in ihr auslösen, will sie diesen naturgemäß aus dem Wege gehen. Ver-

suchen Sie herauszufinden, welche Aufgaben genau es sind, die Ihre Tochter vermeidet. Ist es z. B. die Beschäftigung mit Symbolen (Buchstaben, Zahlen), sind es Aufgaben, bei welchen Ihre Tochter feine Unterschiede erkennen soll oder eventuell sauberes Ausmalen?

Mein Sohn spricht schneller als er denkt. Dabei verhaspelt er sich. Er sagt manchmal auch selbst kreierte Wörter wie »Metterschling« anstatt »Schmetterling«. Hat er Legasthenie?
Ihr Sohn denkt schneller, als er es mit seinen Handlungen vereinbaren kann. Diese Inkongruenz in Denken und Handeln ist eines der typischen Symptome einer Legasthenie. Sie sollten Ihren Sohn testen lassen.

Mein Sohn (5) will partout nicht seinen Namen schreiben lernen. Was ist los?
Wenn ein Kind sich im Alter von fünf bis sechs Jahren (kurz vor der Einschulung) weigert, seinen Namen oder den Namen anderer Familienmitglieder schreiben zu lernen, liegt mit hoher Wahrscheinlichkeit eine Legasthenie vor. Normalerweise sind Kinder in diesem Alter ganz begierig darauf, die Welt der Buchstaben zu erkunden und alles, was sie gerne mögen, mit Namensschildchen zu versehen bzw. auf Bildern zu verzeichnen. Lassen Sie Ihr Kind von einer kompetenten Fachkraft, z. B. einem Legasthenietrainer, testen. (s. Bsp. S. 52)

Kinder im Vorschulalter schreiben gern ihren Namen.

Mein Sohn kann noch immer keine Schleife binden, mit Messer und Gabel kann er auch nichts anfangen. Er wirkt da etwas tollpatschig. Er ist aber schon sechs und kommt bald in die Schule. Ist das normal?
Mit sechs Jahren sollten diese Fertigkeiten schon recht gut beherrscht werden. Es sieht so aus, als hätte Ihr Sohn grob- und feinmotorische Defizite. Sprechen Sie mit einem Kinderarzt und lassen Sie sich Ergotherapie verschreiben. Da diese Auffällig-

keiten auch ein Zeichen für Legasthenie sein können, sollten Sie dem Verhalten Ihres Sohnes nach der Einschulung besondere Aufmerksamkeit schenken. Ein Legasthenietest wäre auch im Vorfeld schon ratsam.

Ich habe gehört, dass Kinder, wenn sie im Vorschulalter viel Fernsehen gucken, Legasthenie bekommen können. Stimmt das?

Kinder, die einen Fernseher im Zimmer haben, sehen länger fern, als Kinder, die kein Gerät im Zimmer haben.

*Studie Borzekowski, Kalifornien, Drittklässler

Nein. Eine Legasthenie ist angeboren, kann daher nicht durch das Fernsehen entstehen. Sie kann allerdings dadurch verschlimmert werden. Hoher Fernsehkonsum führt aber schnell zu einer erworbenen Lese-Rechtschreibschwäche (s. S. 12 f.) Langzeitstudien aus verschiedenen Ländern, darunter den USA* und Neuseeland, belegen inzwischen, dass längerer Fernsehkonsum sich schon bei Kleinkindern negativ auf ihre Lernfähigkeit auswirkt. Es kommt zu Störungen in den Bereichen Wahrnehmung, Denken, Erkennen und Erinnern. Gelerntes kann nicht im Gehirn abgespeichert werden wenn man nach dem Lernen aufregende Filme schaut oder PC-Spiele spielt.

Viel Fernsehen und Computerspiele sind Tätigkeiten mit nur sehr geringerer körperlicher Aktion. Diese ist aber unbedingt notwendig, damit ein Kind alle Ebenen der Wahrnehmung aktivieren kann.

Mein Kind klagt über Bauchschmerzen und Kopfschmerzen, wenn es zur Schule geht. Muss ich mir Sorgen machen?

Sie sollten auf jeden Fall herausfinden, was Ihrem Kind an der Schule nicht behagt. Körperliche Symptome können auf eine sekundäre Legasthenie hinweisen, also auf psychosomatische Beschwerden, die entstehen, wenn eine Legasthenie nicht rechtzeitig erkannt wird. Aber auch andere Sorgen des Kindes können ein Grund dafür sein.

Im Spiel können Kinder sich leichter offenbaren als in einem Gespräch.

Führen Sie ein Gespräch mit der Klassenlehrerin. Fragen Sie Ihr Kind, ob es auf dem Weg zur Schule begleitet werden möchte oder spielen Sie einmal »Schule« mit ihm.

Das Akustische und das Visuelle

In einem Interview äußerte der bekannte deutsche Psychiater Manfred Spitzer, ärztlicher Direktor der Psychiatrischen Uniklinik Ulm: »Wenn ich einen Löffel gegen eine Tasse schlage, dann wackelt die Tasse, und es tönt entsprechend. Nur durch solche Erfahrungen lernen Kinder überhaupt, was ein Löffel ist und welche Eigenschaften Porzellan hat. Beim Fernsehen, und zwar unabhängig von der Qualität des Programms, wackelt eine Tasse am Bildschirm, und von woanders kommt irgendeine Klangsauce. Das Gehirn von ganz kleinen Kindern kann diese Informationen nicht zusammenbringen. Wenn das Akustische und das Visuelle nicht auf Millisekunden zusammenpassen, werden diese Eindrücke nicht richtig verarbeitet.«

Wie kommt es, dass mein Kind ein einfaches Wort immer wieder falsch schreibt, schwierige Wörter aber richtig?
Ein Kind, welches von Legasthenie betroffen ist, kann oftmals schwierige Wörter besser schreiben, weil es beim Erlernen dieser Wörter bewusster bei der Sache war, als bei den vermeintlich einfachen. So sind die schwierigen Wörter besser im Langzeitgedächtnis gespeichert worden. Da eines der Symptome einer Legasthenie die zeitweise Unaufmerksamkeit beim Lesen und Schreiben ist, sind es gerade die einfachen Wörter, die nicht »hängen bleiben« und dann in den unterschiedlichsten Varianten in ein und demselben Text auftauchen.

Gerade einfache Wörter bleiben bei Legasthenikern nicht »hängen«.

Die Lehrerin meines Sohnes sagt, er könne keine Legasthenie haben, da er keine Buchstaben verdreht. Stimmt das?
Leider nein. Auch wenn Ihr Kind Buchstaben oder Zahlen nicht verdreht, kann es von Legasthenie betroffen sein. Das Verdrehen

Die Legasthenie zeigt sich in ganz unterschiedlichen Formen.

von Symbolen ist nur ein mögliches Merkmal. Je nachdem, welche Teilleistungsbereiche betroffen sind, können aber ganz andere Symptome auftreten, z. B. Schwierigkeiten im Erkennen von Silben oder in der Lautbildung (Lautieren).

Andererseits ist das Verdrehen von Buchstaben im Alter zwischen sechs und sieben Jahren noch normal. Die Fähigkeit, Symbole genau zu differenzieren, entwickelt sich erst in dieser Altersstufe. Also: nicht jedes Kind, das in diesem Alter b, d, p, q oder E und 3 verwechselt, hat Legasthenie!

Ratgeber und Fördermethoden

Ist eine Legasthenie bei Ihrem Kind festgestellt worden, stellt sich als nächstes die Frage: Was tun?

Einige Autoren von Legasthenieratgebern erklären bestimmte Methoden für die Behandlung einer Legasthenie für unwirksam, weil es nicht genügend wissenschaftliche Belege für deren Wirksamkeit gibt. Im Gegenzug wird die Methode des Autors als einzig hilfreich empfohlen. Viele Eltern sind verwirrt, wenn sie so etwas lesen oder hören. Was sollen sie glauben, was tun?

Wichtig ist, daran zu denken, dass jedes Kind seine individuelle Legasthenie hat! Daher ist auch die Methode, die ihm hilft, individuell zu bestimmen. Das Legasthenietraining sollte ganzheitlich erfolgen. Neben allen körper- und wahrnehmungsorientierten Methoden sollte immer auch an den Fehlern gearbeitet werden. Es nützt nichts, wenn Sie mit Ihrem Kind allein ein Rechtschreibprogramm, z. B. das Marburger Rechtschreibtraining durchführen, ohne auch an den fehlentwickelten Teilleistungen zu arbeiten und umgekehrt. Auch alleinige Anwendungen von NLP-Lernstrategien oder Kinesiologie werden nicht zur oft versprochenen schnellen Besserung führen.

NLP: Neuro-Linguistische Programmierung ist eine Kombination aus verschiedenen therapeutischen und kommunikativen Techniken.

Kinesiologie leitet sich von den griechischen Worten »Kinesis« für Bewegung und »Logos« für Lehre ab. Die Methode dient als

Diagnoseinstrument und Therapieform. Doch eine Vernetzung der Methoden kann dem Kind neue Lernwelten öffnen, Fähigkeiten anders nutzbar machen und nicht nur die Fehlerquote reduzieren, sondern auch das Selbstwertgefühl steigern.

> **Legasthenie ist nicht heilbar!**
>
> Seien Sie vorsichtig, wenn Ihnen versprochen wird, Ihr Kind könne innerhalb eines 30-Stunden-Kurses von seiner Legasthenie geheilt werden. Legasthenie ist nicht heilbar, schon gar nicht in »sensationell kurzer Zeit«.

Ein Training, dass einerseits die Teilleistungen schult, anderseits aber auch intensiv an den Fehlern arbeitet, dauert in der Regel mindestens ein Jahr. Bei schwereren Fällen eher länger.
In den Schulen wird leider kaum richtig gefördert, da weder die Zeit noch das nötige Fachlehrpersonal zur Verfügung stehen. Immer wieder sprechen mich Lehrer/Lehrerinnen an, die sich von legasthenen Schülern überfordert fühlen, da sie in ihrer Lehrerausbildung nicht auf diese Arbeit vorbereitet wurden.

Ein erfolgreiches Training dauert in der Regel mindestens ein Jahr.

Welche Fähigkeiten braucht ein Kind zum Lesen und Schreiben?

Ein Kind erwirbt Sprache größtenteils unbewusst. Es hört und wiederholt das Gehörte, ohne sich über den Prozess des Sprechens bewusst zu werden. Geschriebene Sprache ist jedoch etwas Abstraktes. Es erfordert von den Kindern, abstrakt denken zu können.
Lesen und Schreiben sind keine Fertigkeiten, die ein Kind sich völlig selbstständig beibringen kann, wie manche Unterrichtsmethoden, z. B. »Tinto« oder »Rechtschreibwerkstatt«, impli-

zieren. Etliche Studien haben inzwischen gezeigt, was geschieht, wenn Kinder in der Anfangsphase des Schreibenlernens selbstgesteuert und eigenaktiv mit Schrift experimentieren, damit sie individuell die Schrift, den Weg in das richtige Schreiben und schließlich die Rechtschreibung »entdecken« und dabei sämtliche Regeln der Rechtschreibung und der Grammatik ignorieren dürfen. Die Anzahl der schlechten Rechtschreiber war z. B. bei Kindern, die nach der Rechtschreibwerkstatt–Methode von Sommer-Stumpenhorst unterrichtet wurden, nach zwei Jahren nahezu fünfmal so hoch wie bei Kindern, die nach der »Lollipop-Fibel*« unterrichtet wurden**. Hinzu kommt, dass viele der Kinder, die als nicht-rechtschreibschwach eingestuft wurden, durch den Unterricht mit einer anderen Methode bessere Ergebnisse hätten erbringen können.

*Cornelsen Verlag
**Studie Marburg, 2004

Wie Ihr Kind schreiben und lesen lernt

Wenn ein Kind beginnt, das Lesen und Schreiben zu erlernen, wendet es zuerst zwei einfache und grundlegende Strategien an. Diese sind das lautgerechte Schreiben und das buchstabenweise Erlesen. Hierfür brauchen die Kinder jedoch die Fähigkeit, Sprache zu analysieren.

Das lautgerechte Schreiben

Für das lautgerechte Schreiben müssen Sätze in Wörter gegliedert, die Wörter in Einzellaute segmentiert und diese Einzellaute in der richtigen Reihenfolge erkannt werden. Diese Lautfolge muss nun in Einzelbuchstaben zerlegt werden.

Um die richtige Rechtschreibung zu erlernen, benötigt das Kind die Fähigkeit, Regeln zu verstehen und diese an der richtigen Stelle und in richtiger Weise anzuwenden. Darüber hinaus muss das Kind Wortbauteile erkennen und flexibel einsetzen können.

Das buchstabenweise Lesen

Das Lesenlernen erfordert von den Kindern, Buchstaben zu erkennen, die richtigen Laute zuzuordnen, die Laute zusammenzuziehen und die Bedeutung des Wortes zu erschließen. Lernen die Kinder weitere Lesestrategien, sind die Fähigkeiten, Silben und Wortteile bildlich zu erkennen, unabdingbar. Nur so können die Kinder diese als Gliederungshilfen beim Lesen nutzen. Hat das Kind nun diese Anfangsfähigkeiten entwickelt, lernt es, mehrere Wörter auf einmal zu erfassen, zu erkennen und deren Bedeutung zu erschließen. Nun kann das Üben zum flüssigen Lesen von Texten beginnen.

Ein unterschiedliches Tempo beim Erlernen dieser Fähigkeiten ist normal. Grund zur Besorgnis besteht, wenn anfängliche Schwierigkeiten nur mit starker Verzögerung oder gar nicht überwunden werden. Vielen Kindern gelingt es auch, Mängel durch Auswendiglernen zu verschleiern. Wächst die Kluft zwischen Lernanforderung und Lernleistung, muss durch ein geeignetes Training schnellstens für Abhilfe gesorgt werden.

Lernen braucht Zeit!

Das Automatisieren

Gutes oder schlechtes Lesen hängt zu einem großen Teil davon ab, wie gut das Lesen automatisiert wurde. Schon 1986 zeigte eine Untersuchung an Schülern der Klassenstufen 2 bis 4, wie wichtig diese Leseautomatisierung ist. Gelesen wurden sogenannte Pseudowörter, deren Buchstabenverbindungen den Gesetzmäßigkeiten der deutschen Sprache folgten. Während gute Leser, unabhängig von der Klassenstufe, für Buchstabenkombinationen die gleiche Lesezeit benötigten wie bei Einzelbuchstaben, wurde bei schlechten Lesern eine steigende Lesezeit gemessen. Gute Leser sind in der Lage, bis zu vier Buchstaben gleichzeitig zu verarbeiten, während sich die schlechten Leser jeden einzelnen Buchstaben erarbeiten müssen, und dies kann nur nacheinander erfolgen.

Lesen ist ein komplexer Vorgang, der automatisiert werden muss.

Zwei Dinge auf einmal

Für eine erfolgreiche Parallelverarbeitung (s. Kasten S. 46) müssen die einzelnen Verarbeitungsschritte jedoch gut automatisiert sein. Bei schlechten Lesern zieht sich dieser Prozess bis in die

Klasse 4 hinein, was eine deutliche Beeinträchtigung des Leseprozesses und des Textverständnisses nach sich zieht. Für diese Kinder ist das Lesen ein ermüdender Prozess, während gute Leser stundenlang zu lesen vermögen und dies mit Freude tun. Eigentlich müssten nun die schwachen Leser deutlich mehr üben. Doch Untersuchungen zeigen, dass sie stattdessen deutlich weniger und schon gar nicht freiwillig lesen. Ein Teufelskreis beginnt.

Lesebilderbücher

Bebilderte Lesebücher fördern das Lesen nicht.

Gut gemeint ist das Lesen in bebilderten Büchern. Leider zeigt sich auch hier, dass der gegenteilige Effekt erzielt wird. Die Leseleistung verschlechtert sich. Das Kind versucht, von den Bildern auf den Inhalt zu schließen und überspringt schwierige Textstellen.

Parallel verarbeitendes Lesen

Zwei parallel verlaufende Fähigkeiten werden beim Lesen gefordert:
1. das Erkennen und Verbinden einzelner Buchstaben zu Worten
2. das Erschließen des Textinhaltes

Ist jedoch die Automatisierung des Lesens mangelhaft, bleibt keine Kapazität für das Textverständnis übrig. Benötigt das Kind nun zuviel Kapazität für den Leseprozess, wird die Sinnentnahme blockiert: Es kann den Text nicht verstehen. Besonders schwerwiegend ist es, wenn wir bedenken, dass das fehlende Textverständnis fächerübergreifend fatale Folgen haben kann. Wie soll in Klasse 3 im Fach Mathematik eine Textaufgabe gelöst werden, wenn der Text nicht verstanden wird?

Richtig automatisieren – was bedeutet das eigentlich?

Professor Dr. Richard M. Shiffrin und Prof. Dr. Walter Schneider von der Indiana University erklären, dass zwei wichtige Voraussetzungen für eine erfolgreiche Automatisierung einer Lernleistung nötig sind:
1. Ein Reiz wird immer mit dem gleichen Verhalten beantwortet.
2. Es findet eine ausreichende Anzahl von Wiederholungen statt.

Wird nur eine dieser Voraussetzungen vernachlässigt, kann sich die Lernleistung deutlich verschlechtern.

Ein Beispiel: Ein Kind buchstabiert das Wort »Tasse« laut, es wiederholt mehrmals den Vorgang, wobei es das Wort betrachtet. Diese Wiederholung regt immer wieder die gleichen Neuronen im Gehirn an. Es wird eine Spur gelegt. Eine Verknüpfung zwischen Wortbild und Sprache entsteht. Nach einer kurzen Pause mit einer Ablenkung wie z. B. »Welche Farbe hat denn dein Pullover?« wird das Kind gebeten, die Übung zu wiederholen. Kann es nun Tasse auswendig buchstabieren, ist die Automatisierung gelungen.

Wird aber das Wort in kurzen Abständen unterschiedlich dargeboten, z. B. mal buchstabiert, dann als Form ausgelegt, dann auf ein Blatt gemalt, entstehen verschiedene Spuren, die nichts miteinander zu tun haben. Das Lernen dauert länger und wird schwieriger.

Häufige Wiederholungen verankern das Gelernte sicher im Gehirn.

Visuelles Erkennen fördern

In den Bereichen Lesen und Rechtschreibung sollte jedoch darauf geachtet werden, dass die Automatisierung über das visuelle Erkennen durchgeführt wird. Sonst wird das Kind genötigt, sich die Worte immer aufzusagen, um die richtige Schreibweise herauszufinden. Diese auditive Methode ist eine serielle

Methode, die, da sie umständlich und langwierig ist, große Probleme verursacht.

Die Automatisierung sollte immer das Wortbild (s. S. 49) mit einschließen. Dies kann dadurch geübt werden, dass ein Wort zuerst einige Male ganz normal vorwärts buchstabiert wird, nach einer Pause oder in einer zweiten Trainingseinheit jedoch auch rückwärts aufgesagt werden muss. Dies ist nur möglich, wenn das Kind ein klares inneres Bild des Wortes produzieren kann*.

* Don Blackerby – Rediscover the joy of Learning

Das gleiche gilt für Rechenaufgaben, deren richtige Lösung durch klare innere Bilder der Zahlen und der Rechenergebnisse ermöglicht werden.

Automatisierung in allen Fächern

Automatisierung schafft eine sichere Basis in allen Fächern.

Der Schüler lernt bei Anwendung der Automatisierung in nur einem Fach nicht, dass sie in allen Fächern notwendig und einzusetzen ist. In vielen Schulen wird sie im Fach Deutsch kaum angewendet, in der Mathematik lediglich bei den Grundrechenarten.

Ein systematisches Automatisieren aller Grundfertigkeiten ist eigentlich für alle, besonders jedoch für lernschwache Kinder unabdingbar.

Vom schlechten Lesen zum schlechten Schreiben

Viele Kinder mit mangelhafter Lesekompetenz erraten durch Erkennen der ersten beiden Buchstaben den Rest des Wortes. Dann versucht das Kind anhand der Reaktion des Lehrers oder eines Elternteil zu erfassen, ob es richtig lag. Die subtilen Signale wie z. B. ein tiefer Atemzug, ein Zucken mit dem Augenlied oder ein fast unmerkliches Nicken sind schon genug. Das Kind macht mit dem nächsten Wort weiter. Wird ihm das richtige Wort vorgesagt, weil das Gelesene falsch war, kann es dies häufig bald auswendig aufsagen, ohne wirklich zu lesen. Gerade durch Auswendiglernen täuschen Kinder oft lange Zeit vor, lesen zu können. Leider ist der in den Schulen heute oft übliche Übungsaufbau nicht gut geeignet, die Automatisierung des Lesens zu fördern. Schon in Klasse 1 fühlen sich Kinder mit Teilleistungsstörungen überfordert. Sie machen Fehler, sind frustriert und sie kommen nur mühsam voran, da nicht automatisierend geübt wird. Der nächste Lernschritt wird verlangt, bevor der vorherige wirklich erbracht wurde.

Wortbilder

Wenn das Gelesene »parallel« verarbeitet wird, heißt das, im Gehirn wird das jeweilige Areal jedes einzelnen Buchstaben gleichzeitig aktiviert.

Wenn zum Beispiel das Wort »kommen« gelesen wird, bildet sich auf diese Weise ein Wortbild. Liest das Kind nun das Wort in der Schreibweise »komen«, erhält es das innere Signal: falsch. Je öfter das richtige Wort gelesen und geschrieben wurde, desto sicherer wird das Wortbild abgespeichert.

Kinder, die zu Ratestrategien und ähnlichen Hilfsmethoden greifen, können keine Wortbilder programmieren. Hier hilft also auch das Lesen nicht, um die Rechtschreibung zu verbessern.

Wird das Gelesene nicht als »Wortbild« verarbeitet, klappt das Schreiben nicht.

Beispiel: Carla, 12 Jahre

Ein typisches Beispiel für eine verschleppte Legasthenie, kombiniert mit Unterrichtsfehlern und deren Folgen, betrifft Carla. Sie ist zwölf Jahre alt und besucht die sechste Klasse eines Gymnasiums. In der Grundschule lernte Carla mit der Methode »Lesen durch Schreiben«. Der Unterricht wurde offen gestaltet, es fand nur wenig Kontrolle statt.

Carlas Lesefähigkeiten sind unterdurchschnittlich, sie ist oft unkonzentriert und ihre Rechtschreibung gibt Anlass zu Tränen. Doch wurden diese Mängel erst in Klasse 5 am Gymnasium

»Lautdiskriminie-
rung« bezeichnet
die Fähigkeit,
Unterschiede in der
gesprochenen
Sprache wahr-
zunehmen.

auffällig. Am Ende dieser Schulstufe entschieden sich die Eltern, Carla auf eine Legasthenie testen zu lassen.

Ich stellte bei Carla eine leichte Legasthenie fest, die eigentlich nur auf einem Mangel in der Lautdiskriminierung und der Raumorientierung beruht. Die Lehrerin, die ein Jahr lang zum Diktatüben aufrief, sprach nun plötzlich zu den Eltern, nachdem ihr meine Gutachten vorgelegt wurden, von einer schweren Legasthenie, da Carla so viele Fehler macht. Doch Carlas Testdokumente sagen eindeutig, dass ihre Legasthenie an sich nur leicht ist.

Allerdings hat Carla mit den Folgen zu kämpfen, die darauf beruhen, dass sie in sechs Schuljahren ohne Förderung auskommen musste. Ihre Fehler in der Rechtschreibung beruhen nur zu 20% auf Wahrnehmungsfehlern (also der Legasthenie), jedoch zu 80% auf Regelfehlern € durch den mangelhaften Unterricht in der Grundschule.

In Klasse 6 wird es nun deutlich mühsamer für Carla, die Defizite aufzuholen, besonders, da ihre jüngeren Geschwister sie hänseln, wenn sie Übungen der unteren Klassenstufen wiederholt. Der lange Schultag bis weit in den Nachmittag hinein und private Verpflichtungen erschweren zusätzliches Üben, da auch die normalen Hausarbeiten in dieser Klassenstufe schon einen großen Zeitraum in Anspruch nehmen.

Beispiel: Björn, 8 Jahre

Björn hatte schon am Ende von Klasse 1 Probleme beim Lesen. In einem Gespräch mit der Mutter stellte sich heraus, dass Björn im Vorschulalter nicht seinen Namen schreiben lernen wollte, wie es Kinder in diesem Alter sonst mit Freude tun.

Bei Björn erkannten wir eine mittlere Legasthenie. Mit der Schule wurde vereinbart, ihn nur einen Teil der Hausaufgaben machen zu lassen, da sein Arbeitstempo deutlich geringer war als das seiner Mitschüler. Björn kam nun regelmäßig zu mir zum Training mit dem IntraActPlus-Konzept (s. S. 79). In der Schule durfte er am differenzierten Unterricht einer Integrationsklasse teilnehmen.

Am Ende von Klasse 2 hatte Björn einen großen Teil seiner Schwierigkeiten und Ängste vor dem Lernstoff verloren. Auch wenn er weiterhin langsamer arbeitete und seine differenten Wahrnehmungen geschult werden mussten, kam er nun im Unterricht mit. Seine Hausarbeiten wurden zugunsten spezieller Übungen gekürzt. Die Schule zeigte sich kooperativ und interessiert.

Anders als Carla wird Björn, wenn er die Klassenstufe 6 erreicht, trotz der schwerwiegenderen Legasthenie weniger Fehler machen und eine größere sprachliche Kompetenz aufweisen.

Typische Fehler im Schulalltag

Schreiben, wie man spricht

Die Kinder sollen bis weit in Klasse 2 hinein alle Wörter schreiben, wie sie diese sprechen oder hören. Dies ist jedoch nur bei lautgetreuen Wörtern möglich. Kinder mit Problemen in der akustischen Differenzierung werden jedoch auch diese Wörter falsch schreiben. Es prägen sich falsche Wortbilder ein. Mit dem Reiz »gehörtes Wort« erfolgt eine falsche Antwort, die jedoch automatisiert wird. Eine spätere Korrektur ist sehr mühsam und wenig erfolgreich.

Sprechen Sie mit den Lehrern über die Unterrichtsmethoden.

Es werden Ähnlichkeiten zusammen oder zeitnah gelernt

Werden Ähnlichkeiten, die zu Verwechslungen führen können, zeitnah gelernt, findet keine deutliche Unterscheidung statt. So sollten ähnlich klingende Endungen (d/t, b/p etc.), Worte wie »wieder/wider« oder »das/dass« etc. nicht zusammen geübt werden, wenn nicht schon vorher *einzeln* automatisiert wurde!

Es wird zuviel Neues zu schnell eingeführt

In der Rechtschreibung werden in manchen Schulklassen zu schnell neue Wörter eingeführt. Das gilt auch für die Fremdsprachen. Die Kinder haben nicht genug Zeit, diese zu automatisieren.

Grundregeln für das richtige Üben

- kleine Schritte
- aufeinander aufbauende Stufen
- erst weiter gehen, wenn die vorherige Stufe gut beherrscht wird (Langzeitspeicher)
- alles Unwesentliche und Ablenkende weg lassen (z. B. Bilder in Lesebüchern, Musik bei den Übungen)
- intensive Wiederholungen auf jeder Stufe einplanen
- die Bezugsperson muss sicher sein im Umgang mit dem Übungsmaterial, um mit ihrer Aufmerksamkeit ganz beim Schüler zu sein
- die Ähnlichkeitshemmung beachten: Laute und Buchstaben mit großer Ähnlichkeit werden in großen Abständen voneinander gelernt, erst nach Festigung können diese im nächsten Schritt gemischt gebracht werden
- Vermeidungshaltungen müssen erkannt und gelöst werden
- über den Lernstoff reden und diesen in eigene Worte fassen
- Lob und Motivation erfolgen stets sofort

Die Lehrmethode wechselt häufig

Z. B. kann durch häufigen Lehrerwechsel wieder ein neues Lernen der Methode notwendig werden, bevor auf den eigentlichen Lerninhalt eingegangen werden kann.

Lernen mit Hilfsmitteln

Hilfsmittel wie Anlauttabellen, Steckkästen, Lautgebärden und andere größtenteils motorischen Hilfsmittel wirken anfangs oft motivierend auf die Kinder. Sie sollten jedoch nicht so stark genutzt werden, dass das Lernen mit dem Hilfsmittel automatisiert und dadurch die eigentliche Automatisierung gebremst wird. So muss ein Kind, das Buchstaben mit der Anlauttabelle lernt, den innerlich automatisierten Satz »F wie Fisch« beim Lesen erst unterdrücken, wenn es »Flasche« lesen will. Hat es jedoch einfach »F« automatisiert, so ist der unnötige Schritt von vornherein ausgeschlossen.

Nutzen Sie Hilfsmittel nur gelegentlich zur Auflockerung des Übungen.

Wechselnde Schreibweisen

Lese- und Schreibanfänger tun sich schwer, unterschiedlich dargestellte Buchstaben richtig zu erkennen. Es sollten daher immer Unterrichtsmaterialien mit derselben Schriftart Verwendung finden. Achten Sie bei Ihren Lese- und Schreibübungen darauf, dass beim Üben dieselben Ausgangsschriften von Ihnen verwendet werden.

Beachten Sie beim folgenden Beispiel besonders die Schreibweise des großen und des kleinen »t« so wie des kleinen »z«.

Schulausgangsschrift

Der Teddy tanzt Rumba.

Lateinische Schulschrift

Der Teddy tanzt Rumba.

Lateinische Ausgangsschrift

Der Teddy tanzt Rumba

Vereinfachte Ausgangsschrift

Der Teddy tanzt Rumba

Zu Hause richtig üben

Wer sein Kind zu Hause unterstützen möchte, der sollte sich ein paar Grundregeln merken. Sie können helfen, Frust zu vermeiden.

- Sprechen Sie mit Ihrem Kind über die Notwendigkeit, regelmäßige Übungsverabredungen zu treffen, die für beide verbindlich sind.
- Sprechen Sie die Übungen mit der Schule und/oder dem Legasthenietrainer ab, damit an einem Strang gezogen wird. Der Trainer wird Ihnen ggf. passendes Material empfehlen.
- Achten Sie darauf, dass das Gesamtprogramm »Hausaufgaben + Übungen« die Belastungsgrenzen des Kindes nicht sprengt. Eventuell lassen sich die Hausaufgabenmengen in Absprache mit der Schule reduzieren.
- Verabreden Sie mit Ihrem Kind »Motivationsbonbons« – kleine Belohnungen, die zeitnah für gute Mitarbeit gegeben werden. Das kann z. B. ein Kinobesuch, ein kleines Spielzeug oder eine Extra-Vorlesezeit sein.
- Schimpfen Sie Ihr Kind nicht aus für die Fehler, die es macht. Das geschieht nicht mit Absicht, sondern weil Ihr Kind es nicht besser kann.
- Wenn Ihr Kind eine Erklärung nicht versteht, ist es wichtig, einen anderen Weg zum Erklären zu finden, nicht, dasselbe immer wieder zu wiederholen. Ändern Sie Ihre Wortwahl, versuchen Sie es mit einer Zeichnung oder einer praktischen Vorführung. Oder fragen Sie das Kind: »Wie würdest du mir das erklären, was du bisher verstanden hast?« Diese Frage kann helfen, den Gedankengang des Kindes nachzuvollziehen und darauf richtig zu reagieren.
- Fragen Sie ruhig mal: »Was kann ich tun, damit du es besser verstehst?« und bleiben Sie immer sachlich. Sätze wie: »Du solltest die simplen Übungen endlich können, andere können es doch auch« sind nicht hilfreich. Antwortet Ihr Kind: »Ich

Versuchen Sie unbedingt, Frust zu vermeiden!

verstehe es besser, wenn Oma es erklärt«, dann sollte es wirklich die Oma tun, das ist nicht persönlich gegen Sie als Elternteil gerichtet.

- Machen Sie eine kleine Pause, sobald Sie merken, dass die Konzentration nachlässt. Tief ein- und ausatmen, aufstehen, etwas trinken, dann wieder anfangen.
- Lassen Sie Ihr Kind nach den Übungen und Hausaufgaben mit weiterem Lernkram in Ruhe. Es sollte nun spielen und sich dabei viel bewegen.
- Auch wenn es manchmal schwerfällt: Bleiben Sie geduldig! Ihr Kind muss wissen, dass Sie es auch dann lieben, wenn es etwas einfach noch immer nicht gelernt hat.

Kleine Tests für zu Hause

Folgende Übungen können Ihnen helfen, Ihr Kind besser einzuschätzen und verstehen zu lernen. Sie sind geeignet für Kinder ab Ende Klasse 1.

1. Teil: optische Differenzierung
A. Formen erkennen   *Wieviel Formen und Figuren siehst Du?*

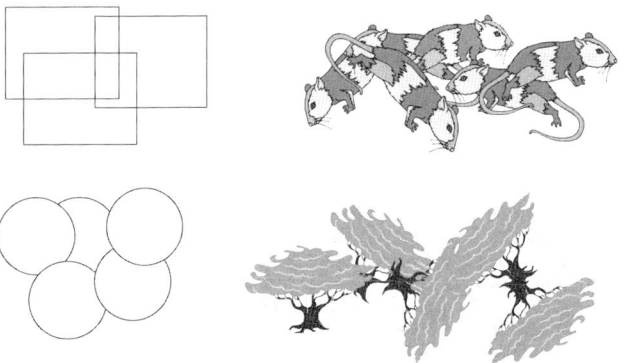

B. Buchstaben erkennen

Erkenne den Unterschied.

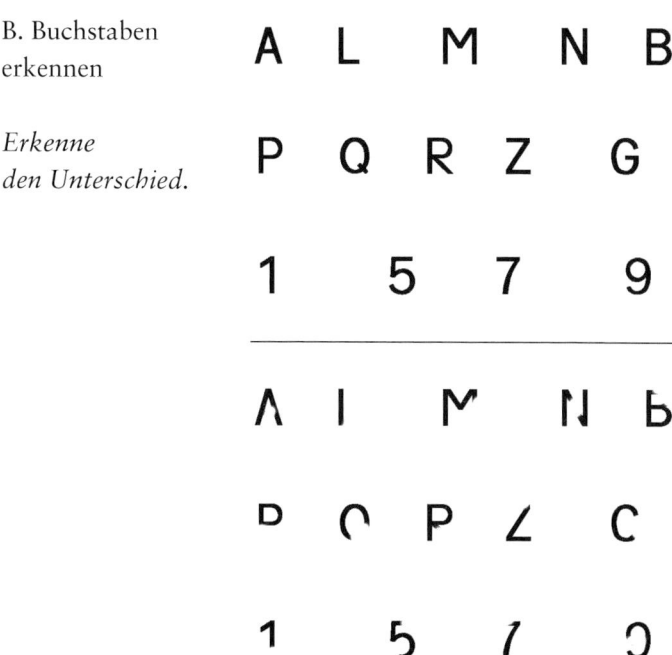

C. Erinnern
Dafür benutzen Sie ein Memory-Spiel.
Legen Sie von jedem Paar eine Karte aus. Das Kind soll nun die passende Karte für das Paar dazu finden. Bei 18 Karten sollte es nicht mehr als drei Minuten dafür benötigen.

2. Teil: Optisches Gedächtnis
Auch hier ist ein Memory-Spiel hilfreich. Braucht Ihr Kind sehr viele Wiederholungen der einzelnen Bildkarten? Es sollte jede Karte nach dem dritten Umdrehen zuordnen können (Kartenmenge: zwölf).

3. Teil: Optische Serialität
Auch hier können Sie Bildkärtchen aus einem Memory-Spiel verwenden.

Legen Sie fünf Kärtchen sichtbar in einer Reihe aus. Die dazu
passenden fünf Karten erhält das Kind als Stapel in die Hand.
Es hat nun eine Minute Zeit, sich die Bildfolge anzusehen. Dann
drehen Sie die Karten um. Nun soll das Kind mit seinen Karten
aus der Hand die Reihe genau nachlegen.
Wenn es diese Übung fehlerfrei lösen kann, legen Sie zwei
Reihen à vier Karten und wiederholen das Spiel. Es sollten nicht
mehr als zwei Fehler auftreten.

4. Teil: Raumorientierung

A. Lassen Sie das Kind Richtungen wie Rechts, Links, Oben,
Unten, Hinten und Vorn benennen. Zuerst ist das Kind selbst
der Ausgangspunkt.
Stellen Sie sich nun ihm gegenüber hin. Es soll Ihnen jetzt diese
Richtungen an Ihnen zeigen. Dies erfordert die Fähigkeit,
Rechts und Links auch aus anderen Blickrichtungen heraus in
die richtige Beziehung zu bringen.

Wo ist der 2. Platz rechts von mir?

B. Lassen Sie das Kind aus Zündhölzern Figuren nachlegen.
Kann es das auch, wenn es Ihnen gegenüber sitzt?
Diese Übung eignet sich auch zum Zeichnen. Zeichnen Sie auf
kariertem Papier Formen vor oder nutzen Sie Vorlagen aus
Vorschulheften.

C. Kreuze an, welches die richtige Figur ist.
Drehe um 90° nach <u>links</u>.

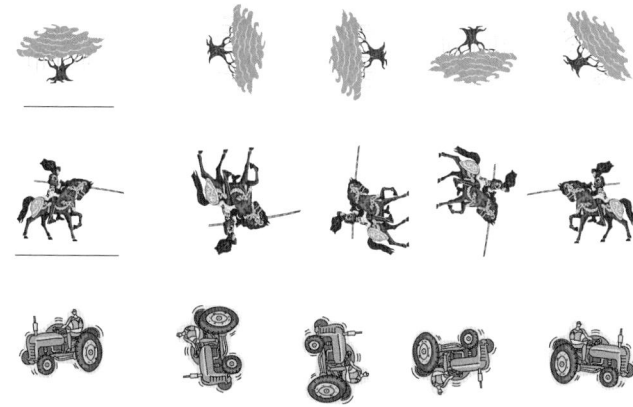

Sie werden schnell feststellen, wo Ihr Kind noch Schwierigkeiten hat. Versuchen Sie, diese Bereiche so oft wie möglich spielerisch zu üben.

5. Teil Akustisches Gedächtnis

- Lesen Sie dem Kind folgende Zeile 1 vor. Es soll diese dann wiederholen.

  »Der Bär tanzt im Kreis«

- Nun Zeile 2

  »Die Lisa isst ein Eis«, das Kind wiederholt.

- Nun beide Zeilen:

  »Der Bär tanz im Kreis,

  Die Lisa isst ein Eis«

- Es folgt Zeile 3

  »Der Klaus will auch Eis haben«, nur diese Zeile wiederholen.

- Nun Zeile 4

  »Der Baum ist voller Raben«

- Zeile 3 und 4 zusammen:

  »Der Klaus will auch Eis haben,

  Der Baum ist voller Raben«

Üben Sie mit Ihrem Kind spielerisch, das entspannt Sie beide.

- Nun werden erst die ersten beiden Zeilen, dann die letzten beiden Zeilen wiederholt.
- Lesen Sie zum Schluss alle vier Zeilen. Das Kind spricht nach.

Ein Kind mit einer Teilleistungsstörung im akustischen Gedächtnis wird sich dabei schwer tun und maximal zwei Zeilen merken können.
Wenn Ihr Kind sich sonst gut Reime und Kinderlieder merken kann, brauchen Sie sich hier keine Sorgen zu machen.

6. Akustische Serialität

Lesen Sie dem Kind zuerst nur zwei Worte vor. Dann soll es diese wiederholen. Erweitern Sie bei jedem Durchgang um ein weiteres Wort.
Katze, Maus, Tiger, Birne, Apfel, Orange, Decke, Kissen, Tür, Auto, Stadt, Land, Harke, Eimer, Garten, Baum, Zug, Oma, Mutter, Teddy, Ring

Ein Kind mit Schwierigkeiten in der akustischen Serialität wird gerade mal eine Zeilen des Gedichtes bzw. drei bis vier Worte schaffen, häufig auch diese nicht ganz vollständig. Ich habe Schüler, die können sich maximal drei Worte einer Reihenfolge merken. Dies wirkt sich maßgeblich beim Schreiben eines Diktates aus und verlangsamt das Abschreiben von Texten und Aufgaben.

Vor dem Ende der 1. Klasse sollte ein gutes Sprachgefühl vorhanden sein.

7. Phonologische Bewusstheit

Es ist wichtig, dass Ihr Kind am Ende von Klasse 1 über ein gutes Gefühl für Sprache verfügt und gesprochene Wörter richtig versteht, Buchstaben und Laute zuordnen kann und Worte richtig auf- und abbaut. Hierzu einige Übungen. Erweitern Sie diese mit eigenen Beispielen:
a. Silben klatschen
    Ha-se, (2 Klatscher)

Maus (1 Klatscher)

Schau-kel-stuhl (3 Klatscher)

Wortbeispiele: Wüs-te, Do-se, Hemd, Tür-schild, Rech-nung, Raum-an-zug, As-tro-naut, Milch, Kat-ze, Do-sen-wurst, Klas-sen-leh-re-rin

b. Laute erkennen

Wo hörst du ein »m«

Meinung, Hoffnung, Gemeinde

Summe, Mantel, Kostüm,

Hunger, Mahlzeit, Kamera

c. Welche Wörter klingen ähnlich?

Tisch, Hut, Fisch

Hase, Hund, Nase

Maus, Haus, Hand

Glas, Tasse, Gras

Kuh, Ball Schuh

d. Finde Reimwörter

Was reimt sich auf

Mund, Tasse, Hose, Sand, Mutter, Traum?

e. Was hörst du am Anfang?

Beispiel Ohr = »O«

Ampel, Igel, Ofen, Insel, Film, Pferd, Haus, Tasse, Dose

Was hörst Du am Ende?

Mantel, Sofa, Tasse, Haus, Bub, Katze, Kind, paniert

wichtig: sprechen Sie deutlich, aber nicht unnormal!

f. Lautsynthese

Hier soll das Kind zusammenziehen. Sie lautieren: Ei-s, das Kind spricht »Eis«

S-ee, F-i-sch, Au-t-o, O-m-a, M-au-s, T-a-ss-e, Sch-u-l-e,

A-r-m, O-p-a, N-o-t-e, T-u-r-m, O-f-e-n, E-n-t-e,
S-a-l-a-t, I-n-s-e-l, S-ei-f-e, R-äu-b-e-r

Kann Ihr Kind auch vorgesprochene Wörter in Laute zerlegen?
Probieren Sie es aus! Beispiel: Auto = Au-t-o, Birne = B-i-r-n-e
Das Kind soll nicht buchstabieren, sondern den gesprochenen
Laut verwenden (Achtung: p wird nicht pe gesprochen, f wird
nicht ef gesprochen).
Wenn Sie bei Ihrem Kind feststellen, dass es einige dieser
Übungen nur mit Schwierigkeiten ausführt, ist eine genaue
Überprüfung anzuraten.

Spielerisch und nebenbei üben

Eltern möchten ihre Kinder gerne unterstützen und mit ihnen
üben. Doch werden dabei oft grundlegende Fehler gemacht, die
dazu führen, dass die Kinder demotiviert werden und nicht
mehr weiter machen wollen.

**Üben soll nicht
demotivieren,
sondern Sicherheit
bringen.**

Wenn an den Fehlern gearbeitet wird, ist es wichtig, Schwer-
punkte zu setzen, denn Sie wollen erreichen, dass Ihr Kind auch
langfristig erfolgreich richtig schreiben und später gute Noten
bekommen wird.

- Es sollte eine längere Zeit mit dem Üben bei einem Thema
  verweilt werden, bis das Kind sich in diesem Thema sicher
  fühlt.
- Vermeiden Sie dabei das stupide Auswendiglernen von Dik-
  tatwörtern oder ganzen Texten. Sonst ist der Erfolg ist nur
  kurzfristig.
- Regen Sie Ihr Kind an, Schreibweisen selbständig zu entdecken. Die Wortbausteine (im Anhang) können dabei helfen.
- Lassen Sie Ihr Kind beim Essen Worte buchstabieren, die mit
  dem Essen zu tun haben oder spielen Sie »Wer findet das

längste Wort auf dem Tisch?« – und kann es dann vielleicht auch richtig in Silben oder Laute zerlegen.

- Wortketten (Baumhaus – Hausschuh – Schuhband) üben die Silbenzerlegung oder, wenn das neue Wort mit dem Anfangs- oder Endbuchstaben beginnen muss, das Erkennen von An- und Endlauten.
- Spiele wie »Wort-Tüftel« und »Boggle« trainieren spielerisch das sichere Buchstabieren und damit die Rechtschreibung.

Das richtige Lesetraining

Lesen Sie viel mit Ihrem Kind. Ist es im Vorlesealter, lassen Sie es die Wörter betrachten, die Sie lesen, indem Sie mit dem Finger darunter entlang fahren. Ist es im ersten Lesealter, motiviert abwechselndes Vorlesen. Stellen Sie Fragen zum Gelesenen und lassen Sie sich am nächsten Tag die Geschichte noch einmal erzählen. So fördern Sie das Lese- und Textverständnis, aber auch die Fähigkeit, über Gelesenes noch einmal nachzudenken. Dadurch wächst die Fähigkeit des Kindes, den Lesestoff in innere Bilder umzusetzen, ihn im Langzeitgedächtnis zu speichern und in der richtigen Reihenfolge wiederzugeben.

Lesen Sie viel vor und lassen Sie Ihr Kind nacherzählen.

Satzweises Lesen

Für leseschwache Kinder empfehlen sich Bücher mit einer Rollenverteilung. Auch absatzweises Abwechseln lockert auf und fördert das Leseverständnis. Lesen Sie immer laut. So muss Ihr Kind mehrere Sinne benutzen, um das Gelesene zu erfassen und zu verstehen. Es erfasst den Text mit den Augen, wandelt ihn in gesprochene Sprache um und muss das Gehörte wiederum inhaltlich verstehen üben. Dies mag am Anfang noch schwer fallen. Beginnen Sie einfach mit satzweisem Lesen, und sprechen Sie dann über den Inhalt des Satzes.

> **Lesen! Lesen!**
>
> Lesen Sie nie mit dem Kind vor dem Schlafengehen, wenn
> es eine Lesestörung hat. Es wird mit negativen Gefühlen
> behaftet schwerer in den Schlaf finden und ggf. Angst-
> träume entwickeln. Lesen am Nachmittag, zum Beispiel
> nach der Mittagspause, ist empfehlenswert.

Silbenmethode

Auch Lesebücher, in denen die Wörter zweifarbig gedruckt sind,
und so einzelne Silben hervorgehoben werden, sind hilfreich.
Werden dazu Kontrastwortpaare (kurze und lange Silben)
rhythmisch gesprochen und geklopft, festigt sich die Fähigkeit
zur Laut- und Silbenunterscheidung. Werden diese Übungen
schon im Vorschulbereich durchgeführt, haben die Kinder deutlich weniger Schwierigkeiten beim Lesen- und Schreibenlernen
nach der Silbenmethode.

Buchtipp:
»ABC der Tiere«
(Mildenberger Verlag)

Quatschwörter

Gerade bei Leseanfängern ist das Lesen von Quatschwörtern
eine wichtige Übung. So wird vermieden, dass das Kind den
Rest eines Wortes zu erraten versucht. Die Automatisierung
wird unterstützt.
Beispiel: De Gubu kumet na Guntas. Polib ta ni tum Hanumit.
Wet kusmet alto Potero, koso pen tuta Getoban.

Etiketten und Spielanleitungen

Lesen übt sich ganz nebenbei mit Kochrezepten, den Etiketten
von Gläsern, Dosen oder Kartonverpackungen, aber auch mit
Bau- und Spielanleitungen. Letztere sind besonders geeignet, das
Gelesene auch in Verstehen zu überführen, da eine Handlung
gefordert wird, die ohne Textverständnis nicht möglich ist.

Gehen Sie mit Fehlern gelassen um, loben Sie dafür alles, was richtig gemacht wurde. So steigern Sie das Gefühl für Erfolg und damit die Motivation Ihres Kindes.

Auch ein kindgerechtes Wörterbuch ist sehr hilfreich. Üben Sie mit Ihrem Kind das Nachschlagen.

Beteiligen Sie das Kind an der Auswahl des Lesestoffes. Themen, die Ihr Kind besonders interessieren, wecken die Lust am Lesen. In einer öffentlichen Bibliothek findet sich dafür immer das Richtige. Gemeinsame Lesezeiten, in denen z. B. jeder für eine viertel Stunde in seinem Lieblingsbuch liest, fördern das Leseklima. Will Ihr Kind aber partout nicht mit Ihnen üben, ist es besser, es nicht zu zwingen, sondern jemanden von außen um Unterstützung zu bitten. Dies kann auch ein Freund der Familie oder die Oma, die Tante u. ä. sein.

Die Rechtschreibung

Richtig automatisiertes Lesen ist förderlich für die Rechtschreibung, mühseliges Buchstabieren und Raten hingegen nicht. Hat ein Kind mit dem Lesen keine Probleme, seine Rechtschreibung ist jedoch eine Quelle der Überraschungen, ist es wichtig, diese gezielt zu verbessern. Dazu ist es notwendig, langsam und der Reihe nach alle Rechtschreibregeln und deren mögliche Ausnahmen durchzuarbeiten, auch wenn in der Schule gerade ein anderes Thema aktuell ist.

Mit den Hauptwörtern beginnen

In der Regel wird mit den Hauptwörtern begonnen. Lassen Sie das Kind erklären, woran es diese im Text erkennt oder warum es entscheidet, ob ein Wort groß geschrieben wird. Mit dieser Aussage haben Sie einen Ansatz, denn oft können rechtschreibschwache Kinder keine regelgerechten Erklärungen liefern. Sie haben in der Schule meistens nicht verstanden, worum es geht und was warum zu tun ist. Nehmen Sie sich Zeit, sprechen Sie über alles, geben Sie anschauliche Beispiele.

Erst wenn die Hauptwörter »sitzen«, geht es weiter mit Verben,
Adjektiven, Umlauten, langen und kurzen Vokalen, Dehnungen,
Schärfungen etc. Immer wieder ist es wichtig, das »Warum«
bzw. »Wann« einer Rechtschreibregel genau zu erörtern und
von dem Kind in eigene Worte fassen zu lassen. Nur so können
Sie feststellen, ob es den Sinn verstanden hat.

Ähnlichkeitshemmung beachten

Denken Sie immer daran, nichts Ähnliches parallel zu üben, also
kein »dass« zusammen mit einem »das«.

Das »dass« hat eine wichtige grammatikalische Bedeutung und
steht in keinem Zusammenhang mit dem »das«. Werden diese
Worte dem Kind von Beginn an getrennt beigebracht, kommt es
gar nicht in die Schwierigkeit, die Schreibweisen zu verwechseln.

Fehler können auch durch falsches Üben entstehen.

Lese- und Rechtschreibprobleme

Hat ein Kind auch Leseschwierigkeiten, so automatisieren Sie
zuerst die Buchstaben und Wortkenntnis der 1. Klassestufe.
Dieser in der Regel lautgetreue Wortschatz kann dann auch
sicher geschrieben werden. Fahren Sie danach mit Lese- und
Schreibübungen anhand einer Fibel und dem dazu passenden
Arbeitsbuch fort. Gehen Sie dabei wie beschrieben auf die
Rechtschreibregeln ein.

Bei Kindern ab Klasse 3 stößt das oft auf Erstaunen, auch viele
Eltern verstehen nicht, warum so weit unten begonnen werden
sollte. Doch ein Haus beginnen Sie auch nicht mit dem ersten
Stockwerk, sondern mit dem Fundament. Und auf einem unsi-
cheren Fundament hält kein Mauerwerk.

Bestehen Sie daher im Einzelfall auch auf einer Wiederholung
der betreffenden Klassenstufe in der Grundschule! Geben Sie
Ihrem Kind eine Chance, dieses Fundament in Ruhe und in
seiner eigenen Zeit aufzubauen.

Eine »Ehrenrunde« kann auch positiv sein.

Übungen, die Laune machen

Je nach Alter Ihres Kindes gibt es eine Reihe von Übungen, die Sie spielerisch durchführen können, oder die einen Regennachmittag mit Spaß und Spannung versehen.

ABC im Raum
Zubehör: Wortkärtchen, Buchstabenkärtchen
Es werden Wortkärtchen erstellt mit recht kurzen Wörtern wie: Baum, Haus, Maus, Tisch, Wand, Mutter, Sohn, Katze, Hund, Auto, Garten etc.

Diese Übungen machen Spaß! Der erste Spieler zieht eine Wortkarte aus dem verdeckt liegenden Stapel.

Der Spieler geht im Raum umher und zeigt nacheinander auf verschiedene Gegenstände, deren Anfangsbuchstaben in dem Wort auf der Karte vorhanden sind – natürlich in der richtigen Reihenfolge. Fehlt ein Buchstabe, da kein Gegenstand passt, darf der Spieler am richtigen Platz eine Buchstabenkarte hochhalten. Die anderen müssen anhand der Anfangsbuchstaben dieser Gegenstände das zu ratende Wort erkennen.
Beispiel: Katze
Kissen, Arm (eines anderen Mitspielers), Tisch, Zeitung, E (hoch halten)

Lernzirkel
Zubehör: verschiedene Aufgaben, je nach Alterstufe
An verschiedenen Plätzen im Raum werden Aufgaben ausgelegt und dafür ggf. eine Zeit zur Bearbeitung abgesprochen, z. B. Aufgabenblätter für Hauptwörter mit »-keit«, Wörter zerlegen, Endlaute ergänzen oder auch Perlen auffädeln, ein Labyrinth zeichnen, ein Papier richtig falten, ein Fehlerbild lösen u. ä.

Wortbingo

Zubehör: Ein Bogen Papier und ein Stift pro Spieler, eine kleine Tafel. Ist keine Tafel da, kann der Buchstabe laut genannt werden. Die Spieler müssen ihn sich merken und vergleichen.
Die Länge des Wortes, welches sich jeder ausdenken darf, wird abgesprochen. Jeder schreibt sein Wort auf das Blatt. Der Spielführer schreibt nun ganz durcheinander Buchstaben an die Tafel. Wer einen davon in seinem Wort hat, darf ihn durchstreichen. Wer sein Wort zuerst vollständig durchgestrichen hat, ist Sieger.

Die Vokalfrösche

Der Spielleiter liest nacheinander kurze Wörter vor, die mal einen langen, mal einen kurzen Vokal enthalten. Bei einem kurzen Vokal muss der «Frosch» sich auf den Bogen hocken, bei einem langen Vokal soll er springen.

Bitte nicht dieser!

Ein Spieler sagt z.B.: Ich möchte verreisen, aber nicht nach O. Der andere macht nun einen Vorschlag, darf aber in seiner Antwort kein O benutzen. Sagt er: »Fahre an die Nordsee«, bekommt er einen Minuspunkt. Die Spieler dürfen sich alles Mögliche an Herausforderungssätzen ausdenken, z.B.: Ich möchte etwas Obst essen, aber kein N oder ich spiele gerne mit Tieren, aber nicht mit A.

Spiele, mit denen man sich auch im Auto die Zeit vertreiben kann.

Buchstabentelegramm

Zubehör: Ein Bogen Papier, ein Stift
Jeder Spieler verschickt ein Telegramm aus Großbuchstaben.
Der Empfänger soll daraus einen sinnvollen Satz bilden.
Beispiel: TUMSGIKG
Tom und Monika sind gestern ins Kino gegangen.
Oder als Telegramm-Version ohne Vokale:
Tm nd Mnk snd gstrn ns Kn ggngn

Schreibmalerei

Zubehör: Ein Bogen Papier, ein
Stift
Es wird ein Gegenstand, eine
Person oder ein Tier bestimmt.
Dies wird nun mit Hilfe der
Schrift gemalt.
Beispiel: Katze

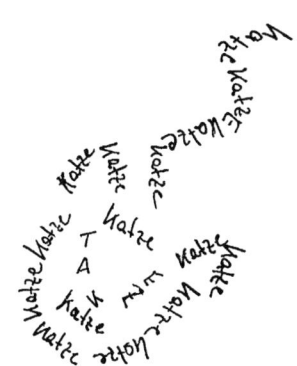

Wort und Zahl

Zubehör: Ein Bogen Papier, ein Stift
Gesucht werden Wörter, in denen Wortteile durch Ziffern
ersetzt wurden.
Beispiele: Ver8ung, 2samkeit, 4teln, ver2feln, an2feln, Kla4,
5linge, N8, H11er

Ableger

Zubehör: Ein Bogen Papier, ein Stift
Aus bestimmten Buchstabenkombinationen eines Wortes
werden neue Wörter gebildet.
Beispiele: Küchenschrank, Tücher, Ranke, Buch, Tante

Bild-Diktat

Zubehör: Ein Bogen Papier, Buntstifte
Der Spielführer diktiert, was die Spieler malen sollen.
Beispiel: Auf dem Bild ist eine grüne Wiese. Darauf steht ein
Baum. Unter dem Baum weidet ein Pferd. Am blauen Himmel
sind weiße Schäfchenwolken. Rechts wächst eine rote Blume,
links scheint die Sonne. Ein Vogel fliegt vorbei.
Es kommt hier nicht darauf an, perfekt zu malen, sondern das
Gehörte richtig zu verstehen und umzusetzen.

Übungen zur Sprachförderung

Sprachliche Fertigkeiten und Fähigkeiten beruhen zu einem Teil auch auf dem richtigen Gebrauch des Mundes und der Zunge. Einige spielerische Übungen möchte ich Ihnen hier vorstellen.

Saugübungen

Mit einem Strohhalm werden verschiedene Gegenstände angesaugt: Papier, Watte, Blätter, lange Wollfäden, Flohsteine, Erbsen, Bohnen, Smarties …
Angesaugte Watte von einem Platz auf einen anderen transportieren. Angesaugtes muss unbedingt größer sein als die Öffnung des Strohhalms!

Trainieren Sie mit Ihrem Kind spielerisch den Gebrauch der Zunge.

Pusteübungen

Watte pusten; Luftballons aufblasen; Seifenblasen pusten (hier wird das gezielte Ein- und Ausatmen geübt)
Mit einem Strohhalm in Seifenwasser blasen. Die Stärke des Blasens ergibt unterschiedliche Ergebnisse.

Zungenübungen

Zunge herausstrecken und hereinziehen, am Gaumen entlang streichen und dessen »Landkarte« erspüren, jeden Zahn berühren und ggf. so die Zähne zählen. Die Zunge in die Wangen drücken («Bonbonmund«). Dabei Sprechübungen machen, das ist sehr lustig.
Lippen in beide Richtungen ablecken, Kreise lecken etc.
Lippen über die Schneidezähne ziehen, die scharfen Zahnkanten erspüren.
Zungenrinne bilden oder Zunge aufrollen (die Rinne ist genetisch bedingt nicht jedem möglich).
Schnalzen und dabei unterschiedliche Töne erzeugen.

Sprachübungen

Unterhalten Sie sich mit Ihrem Kind beim Spaziergang, beim Tischdecken, beim Anziehen, beim Einkaufen oder beim Spielen. Regen Sie Ihr Kind an, in vollständigen Sätzen zu sprechen und fragen Sie nach, wenn eine Erzählung unsortiert hervorsprudelt. Eltern verstehen normalerweise trotzdem, was gemeint ist. Dennoch sollte das Kind angeleitet werden, erst seine Gedanken zu strukturieren und danach zu sprechen. Lassen Sie ihm dafür genug Zeit.

Eine ruhige Sprechweise fördert die Konzentration.

Begleiten Sie gemeinsame Spiele sprachlich, z. B. Karten aufdecken und dabei benennen, Spielfiguren bewegen und den Zug beschreiben: »Ich ziehe meine Figur über die nächsten fünf Felder«.

Lesen Sie Ihrem Kind vor und betrachten Sie gemeinsam Bilderbücher. Lassen Sie das Kind die Bildergeschichte in seine eigenen Worte fassen.

Schalten Sie Radio und Fernseher aus bzw. nur ein, wenn Sie wirklich konzentriert zuhören und zuschauen. Die Hintergrundberieselungen, besonders durch den Fernseher, lenken die Aufmerksamkeit stark ab. Gerade Kinder mit Lernstörungen sind in der Regel besonders leicht ablenkbar.

Bewegen Sie sich mit Ihrem Kind. Wenn Sie keinen eigenen Garten haben, besuchen Sie regelmäßig den nächstgelegenen Spielplatz. Ermuntern Sie Ihr Kind, den Schwierigkeitsgrad seiner Kletterübungen langsam zu steigern. Geben Sie ihm dabei Hilfestellungen.

Korrigieren und kritisieren Sie Ihr Kind nicht ständig, sondern wiederholen Sie falsche Wörter/Sätze Ihres Kindes beiläufig richtig. So hört es die richtige Satzstellung und Aussprache und kann, ohne sich »falsch zu fühlen«, die Korrektur annehmen.

Spiele, die Laune machen

Es gibt zahlreiche Spiele im Handel, die Ihr Kind darin unterstützen, seine Teilleistungen zu verbessern. Gemeinsames
Spielen fördert darüber hinaus die sozialen Kompetenzen Ihres
Kindes und den familiären Zusammenhalt. Im Folgenden habe
ich einige Spiele für Sie ausgewählt.

**Spielend üben –
spielend lernen.**

Tricky Fingers

Das Spiel besteht aus Musterkarten und zwei Kästchen mit
farbigen Kugeln. Nur mit Hilfe der Fingerspitzen werden die
Kugeln in die auf den Musterkarten vorgegebenen Positionen
balanciert.
Fördert: Feinmotorik, optische Differenzierung, Konzentration
1–2 Spieler

ab 3 Jahren

Differix

Auf vier verschiedenen Legetafeln ist neun Mal das gleiche Bild
abgebildet – doch immer mit kleinen Veränderungen. Nun müssen die passenden Karten dazusortiert werden. Dies erfordert
jedoch, die Unterschiede zu entdecken. Mit Lösungsschablone.
Fördert: Konzentration und optische Differenzierung
auch allein spielbar

ab 4 Jahren

Lotti – Gedächtnisspiel

Das Spiel besteht aus sechs Hasen mit einem roten, weißen,
schwarzen, blauen, grünen oder gelben Punkt unter den Füßen.
Diese Hasen werden in die Hasengrube gestellt. Zusätzlich gibt
es noch einen Haufen Möhren, auf denen unterschiedliche Farb-
kombinationen abgebildet sind. Nun hat man die Wahl, »Lotti«
sowohl als Memory oder als Lotto zu spielen.
Fördert: optisches Gedächtnis, optische Serialität
2–4 Spieler

ab 4 Jahren

Stille Post

ab 4 Jahren Ein Gruppenspiel, bei dem der erste Spieler dem nächsten ein Wort oder einen kurzen Satz zuflüstert. Der Satz wird so nacheinander an alle Spieler weiter gegeben. Der Letzte wiederholt ihn laut. Ist alles richtig angekommen?
Fördert: Hörempfinden, akustisches Gedächtnis, akustische Serialität

Die freche Sprechhexe

4 – 8 Jahre Die Hexe braut einen Zaubertrank. Dazu müssen die richtigen Zutaten zusammen in den Kessel getan werden. Genaues Hinhören führt zum richtigen Kartenpaar für den geheimnisvollen Trank. Enthalten sind Wort- und Sprachspiele mit Reimwörtern und ähnlich klingenden Wörtern.
Fördert: Konzentration, phonologisches Bewusstsein
2 – 4 Spieler

Nanu

4 – 12 Jahre Unter fünf farbigen Deckeln verbergen sich fünf Bilder, jeder Deckel fasst ein Bild. Ein Farbwürfel bestimmt, was geraten werden muss. Was lag unter dem blauen Deckel? Wer richtig rät, darf das Bild behalten, ein neues kommt unter den leeren Deckel. (Mit selbst erstellten Kärtchen kann man das Spiel ergänzen. Dadurch lassen sich dann so gut wie alle Buchstaben und Laute üben.)
Fördert: optisches Gedächtnis
2 – 4 Spieler

Pfadfinder

ab 5 Jahren Mit Hilfe der Spielkarten wird eine beliebige Landschaft ausgelegt, die von einem gelben zu einem roten Haus führt. Ein Weg verläuft durch diese Landschaft. Der jeweilige Spieler entscheidet, wie weit er mit seiner Spielfigur setzen möchte. Nun muss er die Augen schließen und den Weg beschreiben. Bei jedem neuen

Zug muss der Weg stets ganz von vorn beschrieben werden.
Fördert: optisches Gedächtnis und akustische Serialität.
2–6 Spieler

Auto-Bingo

Ein Spiel für unterwegs. Anstatt Zahlen werden hier Motive   **ab 5 Jahren**
gesucht, die sich im Vorbeifahren in der Landschaft finden las-
sen. Wer fünf Motive in einer Reihe hat, ruft BINGO und gewinnt das Spiel.
Fördert: Konzentration, optische Differenzierung
1–3 Spieler

Magische Wörter

Lautverschiebungen in Wörtern sollen erkannt und gefunden   **ab 5 Jahren**
werden.
Fördert: Konzentration, phonologisches Bewusstsein
2 Spieler

4 gewinnt

Es müssen farbige Plättchen oder Kugeln so platziert werden,   **ab 6 Jahren**
dass vier davon eine Reihe bilden. Der Mitspieler versucht, eine
eigene Reihe zu schaffen und die des Gegners zu verhindern.
Fördert: Raumorientierung
2 Spieler

Twister

Es müssen mit allen verfügbaren Körperteilen farbige Markie-   **ab 6 Jahren**
rungen auf einem großen Spielfeld, welches am Boden liegt,
berührt werden.
Fördert: Raumorientierung, Körperwahrnehmung
2–4 Spieler

Wort für Wort

Ein Spiel, das die ersten Schreibkenntnisse fördert. Es werden   **6–9 Jahre**

Buchstaben zu Wörtern gefügt und zum Bild sortiert.
Fördert: Sprachentwicklung, Lesetechnik und Konzentration
1–4 Spieler

Hexentanz

ab 8 Jahren Die Hexen treffen sich zur Walpurgisnacht, doch sehen sie alle
gleich aus. Nur wenn man die Figuren aufdeckt, kann man die
wirkliche Farbe der Hexe erfahren. Der Spieler muss sich
»seine« Hexe genau merken und durch das Spiel führen.
Fördert: optisches Gedächtnis, Serialität, Aufmerksamkeit
3–6 Spieler

Förderung am Computer

Die Motivation der Kinder, Übungen am PC durchzuführen, ist
deutlich höher, als es bei Arbeitsblättern aus Papier der Fall ist.
Sie tippen lieber, als dass sie mit der Hand schreiben. Da aber
leider zu wenig darauf geachtet wird, dass Kinder von Beginn an
mit beiden Händen die Tastatur bedienen, kommt es schon früh
zu Haltungsschäden durch einseitige Belastungen. Dabei würde
das beidhändige Tippen zumindest beide Hirnhälften anspre-
chen, ein Plus für das Üben am Computer.

Üben am PC bringt Bisher konnten außer der höheren Motivation der Kinder keine
nur etwas, wenn Vorteile der PC-Lernspiele gegenüber den Lernspielen am Tisch
das Kind nicht und den Übungsblättern aus Papier nachgewiesen werden. Ganz
allein üben muss. im Gegenteil. Wird ein Kind am PC sich selbst überlassen, wird
kein Lernvorteil erreicht. Auch bei den Übungen am PC braucht
das Kind die sprachliche Reflexion dessen, was es dort tut. Geht
es z. B. an Übungen zur Mathematik mit der gleichen falschen
Denkweise heran, die es schon bei den Aufgaben im Heft anwen-
det, kann zwar das geforderte Ergebnis zufällig richtig sein, dem
Verständnis der Aufgabe und des Rechenweges nützt es nichts.
Hat es nicht die Fähigkeit, lange und kurze Vokale zu unterschei-

den oder besteht eine Regelunkenntnis, kann sich auch am PC
die Rechtschreibung nur bessern, wenn dies genau erklärt und
geübt wird. Ganz allein ist das auch mit sehr guten Programmen
nicht zu schaffen.

Lernsoftware

Ich persönlich empfehle, Übungen am PC nur als Belohnung für
gutes Üben mit herkömmlichem Material anzubieten.
Es gibt nur wenig empfehlenswerte Lernsoftware am Markt. In
meinem Lernstudio arbeite ich mit den Programmen von Alfons
Lernwelten (Schroedel Verlag), allerdings ist die neue Version
leider in der Bedienung etwas kompliziert, Duden Lernsoftware
(Duden Patec Verlag) und LolliPop (Cornelsen Verlag). Ältere
Ausgaben dieser Programme finden sich manchmal in Discoun-
tern und sind dann ein echtes Schnäppchen. Programme mit
andauernder Hintergrundmusik sind nicht empfehlenswert.
Eine praktische Unterstützung für die Rechtschreibung ist ein
Schreibmaschinen-Übungsprogramm. Das Üben der Zehn-
Finger-Technik fördert nicht nur die rein technischen Schreib-
kompetenzen und die richtige Körperhaltung. Jedes falsch
geschriebene Wort wird sofort gemeldet und muss korrigiert
werden. Zumindest am PC wird sich die Rechtschreibung
dadurch bessern.

**Tipp:
Es gibt ein Pro-
gramm zum Üben
der Zehn-Finger-
Technik.**

Oft erlebe ich dabei eine deutlich bessere Worterkennung beim
Lesen und eine ebenfalls verbesserte Rechtschreibung beim
handschriftlichen Schreiben, da sich auch die richtige Reihenfolge der Buchstaben für jedes Wort in das Gedächtnis einprägt.
Für Lernprogramme an Schulen haben sich – nach Meinung der
Benutzer – die Budenberg-Programme am besten bewährt. Ohne
aufwendigen Schnickschnack kann konstruktiv im Klassenverband oder in der Lerngruppe geübt werden.
Die Budenberg-Software wurde von Günter Schleisiek, bis Mitte
2003 Leiter der Schule am Budenberg (Schule mit Integrations-
klassen) in Haiger, Hessen, entwickelt.

Auswahlkriterien einer Lernsoftware:
- Die Lernbereiche sollten den jeweiligen Schulklasseninhalten entsprechen bzw. nach Themen strukturiert sein
- Die Auswahl der Übungen sollte dem Nutzer freigestellt sein
- Achten Sie darauf, das es keine unnötigen Töne und bewegliche Bilder während der Übungen gibt
- Erklärungen zu Regeln müssen vorhanden und leicht verständlich sein
- Die »Belohner« im Programm bestehen aus kurzen Spielen, die die Teilleistungen fördern (z. B. Puzzle, Simon, Fehlerbilder)

Das richtige Training finden

Um nun zu entscheiden, welches Training für Ihr Kind das Beste ist, ist es wichtig, die Fehler genau analysieren zu lassen. Auf diese Weise kann ganz individuelles Übungsmaterial zusammengestellt werden.

Fehleranalyse: Uni Münster hilft weiter

Ich arbeite zu diesem Zweck mit den Diagnose- und Fördermaterialien des Lernservers von der Westfälischen Wilhelms-Universität Münster, Abteilung «Neue Technologien im Bildungs- und Sozialwesen / Medienpädagogik«. Leiter Prof. Dr. Friedrich Schönweiss und sein Team bieten für die ersten sechs Klassenstufen eine Rechtschreibanalyse und individuell auf den jeweiligen Schüler abgestimmtes Fördermaterial. Dieses beinhaltet nicht nur Übungen und Erklärungen zu Rechtschreibregeln, sondern fördert auch ganz besonders die phonologischen Fähigkeiten des Schülers. Übungen zur Lauterkennung, zum Leseverständnis und zu den individuellen Regelfehlern des Kindes werden für einen vergleichsweise geringen Preis zur Verfügung gestellt. Im Durchschnitt sind es ca. 300 Arbeitsblät-

Gute Analyse = richtiges Training

ter, die für die Förderung von bis zu einem Jahr bereitgestellt werden. Begonnen wird mit einem Rechtschreibtest. Dieser wird am Computer erfasst und von der Uni Münster ausgewertet. Dabei verlässt sich das Team um Prof. Schönweiss nicht allein auf die Computeranalyse. Regelmäßig werden die Tests der Schüler per Hand nachgeprüft und das Ergebnis korrigiert. Auf Basis des Ergebnisses wird nun das Fördermaterial zusammengestellt.

Interessierte Lehrer haben sogar die Möglichkeit, eine Gruppenförderung für ihre Schulklasse zu bekommen. Die Fördermaterialien sind in sich vernetzt und können von der ersten Klasse an durchgängig genutzt werden.

Automatisierung: IntraActPlus-Konzept

Bei gravierenden Schwierigkeiten mit der Automatisierung arbeite ich mit dem »IntraActPlus-Konzept«, welches von Dr. Fritz Jansen und Uta Streit speziell für die Automatisierung des Lesens verbunden mit einem passenden Schreibtraining entwickelt wurde und besonders im Förderschulbereich Einsatz findet.

Regeltraining: Marburger Rechtschreibtraining

Für reines Regeltraining ist auch das Marburger Rechtschreibtraining eine Möglichkeit der Förderung. Dieses ist im Buchhandel erhältlich, kann aber kein vollkommen individuelles Training anbieten. Es werden alle Rechtschreibregeln aufeinander aufbauend anhand von Übungsbögen bearbeitet.

Wichtig für jedes Rechtschreibtraining sind die phonologischen Übungen, das laute und deutliche Lesen, Lautieren oder Nachsprechen und das Sprechen über die durchgenommene Regel. Nur über das Sprechen werden die Regeln verstanden und verinnerlicht, wird die Sprachqualität gefördert und das Gelernte im Langzeitgedächtnis verankert.

AFS-Methode

AFS-Training:
Aufmerksamkeit
Funktion
Symptom

Das AFS-Training der Diplomierten Legasthenietrainer des Ersten Österreichischen Dachverbandes Legasthenie ist ein offenes Training. Das bedeutet, die Legasthenietrainer stellen sich die Übungsmaterialien ebenfalls individuell für jedes Kind zusammen. Hier kommen sowohl die o. g. Rechtschreib- und Leseförderprogramme zum Einsatz, als auch selbst erstellte und von anderen Legasthenietrainern zur Verfügung gestellte, sowie Programme anderer Förderanbieter, wie z. B. die des Lernservers der Universität Münster oder des Dudenverlages. Dieser bietet auch für den Schulunterricht spezielle Lesefibeln, Rechtschreib-übungen und Material für den Mathematikunterricht. Dabei wurden gerade in den letzten Jahren besondere Angebote für die Legasthenieförderung erarbeitet, die auch zu Hause als Übungs-material einsetzbar sind.

Ganzheitlich arbeiten

Die Legasthenietrainer der Dach- und Bundesverbände Deutsch-lands und Österreichs arbeiten ganzheitlich. Sie fördern die Konzentration, die Teilleistung und die Arbeit an den Fehler-bereichen.

Methoden kombinieren

Reines Wahrnehmungstraining, alleinige Übungen aus NLP (Neurolinguistische Programmierung), Brain-Gym oder Edu-Kinesthetik (körperliche Übungsmethoden zur Verbesserung der Lern-, Konzentrations- und Gehirnleis-tungen) sind nicht ausreichend, um deutliche Verbesse-rungen zu erbringen. Eine Kombination, die auf die Be-dürfnisse des Kindes abgestimmt sind, ist aber sehr zu empfehlen.

- So können Übungen aus dem NLP dem Kind ermöglichen, positive Einstellungen aus anderen Lebensbereichen in den Lernbereich zu transportieren, das NLP-Lerntraining für Wortbildspeicherung (s. S. 49) festigt die Fähigkeit, richtige Wortbilder zu erkennen und von fehlerhaften sicher zu unterscheiden.
- Schreibmotorische Probleme können durch Brain-Gym unterstützend zu Schreibübungen behandelt und die orthographischen Kenntnisse mit dem Material z. B. des Lernservers erworben werden.
- Blockierungen, die zu »Blackouts« führen, sowie Schulängste, die das Lernen behindern, lassen sich mit Hilfe von EFT, einer besonderen Klopf-Akupressur, sehr gut beheben.

Den richtigen Trainer finden

Ein guter Legasthenietrainer benötigt eine ganze Reihe von Zusatzausbildungen, die über die reine Pädagogik hinausgehen. Lassen Sie sich genau schildern, mit welchen Methoden der von Ihnen gewählte Trainer arbeitet und warum gerade diese Methoden für Ihr Kind geeignet sind (s. folgenden Kasten).
Der Begriff des Legasthenietrainers oder Lerntherapeuten ist nicht gesetzlich geschützt. Darum ist genaue Information wichtig.

Schauen Sie genau hin, ob der/die Trainer/in kompetent ist.

Berufsausbildung
Nicht immer ist ein Uni-Studium auch ein Garant für Qualität.

Zu Empfehlen sind folgende Grundausbildungen:
- Pädagogik und Sonderschulpädagogik
- Logopädie

- Ergotherapie
- Heilpädagogik
- Heilpraktik mit psychologischer Ausbildung

Aus- und Fortbildungen in:
- Psychosomatik bzw. Kinder- und Jugendpsychologie
- Schriftspracherwerb und/oder Dyskalkulie

Das Trainingskonzept

Lassen Sie sich genau erklären, mit welchen Test- und Trainingskonzepten gearbeitet wird. Achten Sie auf eine gute Mischung aus Konzentration, Wahrnehmung und Arbeit an den Fehlern.
- Die Trainer der Duden-Institute sind gut qualifiziert. Sie arbeiten überwiegend mit den Materialien des Duden Paetec Verlages und beraten Sie ebenfalls darüber, mit welchen Übungen Sie zu Hause Ihr Kind unterstützen können.
- Die Trainer des Zentrums zur Therapie der Rechenschwäche sind besonders spezialisiert auf Kinder mit zum Teil gravierenden Problemen in Mathematik. Auf der Homepage des Zentrums finden Sie Kontaktadressen für Ihr Bundesland (s. S. 127 f.).

Ein individuelles Training wird Ihrem Kind von Nutzen sein.

Manche Anbieter, die den Titel »Institut« im Namen tragen, bieten für viel Geld Förderung in Kleingruppen von drei bis fünf Schülern an. Der Titel »Institut« allein ist jedoch kein Qualitätskriterium, genauso wenig wie ein Doktortitel. Auch moderne Räume sagen nichts über die Qualität des Trainings aus. Lassen Sie sich nicht von Äußerlichkeiten blenden.

Das Training soll individuell auf Ihr Kind zugeschnitten und in

Einzelsitzungen abgehalten werden. Nur Leseschulungen mit Rollenvergabe sind für Kleingruppen geeignet.

Ein guter Legasthenietrainer erlaubt Ihnen, Probestunden zu vereinbaren und bei einer Probestunde ggf. auch anwesend zu sein. Beachten Sie dabei jedoch eine wichtige Grundregel: Mischen Sie sich nicht ein, wenn Ihr Kind Schwierigkeiten macht. Sie beobachten das Geschehen nur. Wird Ihr Kind jedoch durch Ihre Anwesenheit zu stark irritiert, verzichten Sie besser darauf. Lassen Sie sich später den Inhalt der absolvierten Stunde vom Trainer erklären. Er wird Ihnen gern Auskunft geben.

Kosten und Möglichkeiten der Förderung

Eine Trainingsstunde kostet je nach Region zwischen € 30 und € 45, bzw. zwischen € 100 und € 180 bei monatlicher Zahlung. Für viele Familien ist das nur sehr schwer zu leisten. Fördergelder sind, je nach Bundesland, zum Teil ausgesprochen schwierig zu erhalten. Die Erlasse der Bundesländer sind sehr verschieden. Einige Bundesländer gewähren den betroffenen Kindern Notenschutz und bieten Förderkonzepte, andere erklären nur das Vorhandensein der Problematik und überlassen alles andere den Schulen bzw. den Eltern. Über die genauen Wortlaute der Erlasse können Sie sich im Internet informieren oder Ihre Schulleitung fragen.

Notenschutz: Die Rechtschreibung wird in Klassenarbeiten nicht voll bewertet.

Die Krankenkassen übernehmen nur selten eine Förderung. Der Kinderarzt kann aber Logopädie oder Ergotherapie zum Training der Teilleistungen verordnen. Doch auch hier liegt es im Ermessen der Kasse, ob und wie viel sie übernimmt.

Der Kinderarzt kann ein Training verordnen.

Wenn eine seelische Behinderung droht

Eine drohende seelische Behinderung liegt vor, wenn dem Kind durch die Legasthenie oder Dyskalkulie die Teilnahme an einem normalen Leben durch einen Mangel der Kulturfähigkeiten Lesen, Schreiben und Rechnen nicht möglich ist.

Kann durch ein ärztliches Gutachten die Gefahr einer drohenden seelischen Behinderung nachgewiesen werden, ist eine Förderung durch die amtliche Jugendhilfe nach § 35a des Bundessozialhilfegesetzes möglich. Ihr örtliches Jugendamt wird Sie darüber beraten. Gelegentlich wird die Hilfe auch im Rahmen einer Erziehungshilfe nach § 27 des Kinder- und Jugendhilfegesetzes (KJHG) gewährt.

Lernen vermeiden: Eine fatale Strategie gegen den Frust

»Ich habe keine Lust dazu« – Vermeidung verschärft das Problem.

Kinder mit Teilleistungsstörungen erleben im Schulalltag schnell jede Menge Frust. Dies führt bald dazu, dass sie bestimmte Lernfelder konsequent meiden. In Schulen mit überwiegend offenem Unterricht kann das fatale Folgen haben.

Immer wieder höre ich in diesem Zusammenhang von Eltern, dass Übungszettel selbst nach drei Wochen noch nicht vom Lehrer begutachtet und das Geübte besprochen wurde. Das bedeutet leider, dass diese Übungen völlig sinnlos waren. Ohne ein zeitnahes Besprechen von Übungsergebnissen findet kein Lernen statt, denn dieses entsteht nur dann, wenn darüber gesprochen und die Inhalte gedanklich reflektiert werden können.

Unangenehme Aufgaben bleiben liegen

Kinder mit Lernstörungen werden Übungen vermeiden, die sie mit ihren Schwierigkeiten konfrontieren. Das führt dazu, dass sich die Probleme verschärfen.

Bestimmte Unterrichtsmethoden begünstigen dieses Verhalten. Den Kindern wird die Fähigkeit zugesprochen, selber zu entscheiden, was sie wann üben wollen. Da Kinder, wenn sie selbst entscheiden können, aber nur das tun werden, was ihnen Spaß macht, wird ein leseschwaches Kind sich nicht freiwillig mit Texten befassen. Und ganz ehrlich: versuchen Sie nicht auch, unangenehme Aufgaben (Bügeln, Putzen, Steuererklärung u. ä.) auf später zu verschieben?

Doch gerade Kinder im Grundschulalter haben noch nicht die persönliche Kompetenz, also die nötige Reife und innere Stärke, sich mit problematischen Übungen allein auseinander zu setzen. Selbst Schüler der Oberstufe, die diese Notwendigkeit durchaus erkennen können, vermeiden es so lange wie möglich, Schwieriges zu üben.

Motivieren und belohnen

Es ist wichtig, die Kinder gezielt an Übungsmaterial heranzuführen. In kleinen und motivierenden Lernschritten können die Probleme überwunden werden. Der Vermeidungshaltung darf nicht nachgegeben werden. Besser ist es, ein Belohnsystem einzuführen.

Schon im Kindergarten vorbeugen

In einigen Kindergärten wird der Fehler gemacht, das freie Spielen über die gezielte Anleitung zu stellen. Kinder, die nicht am Basteln, Ausschneiden oder Auffädeln teilnehmen wollen, brauchen es nicht zu tun. Leider zeigen diese Kinder dann zur Einschulung mangelhafte Fähigkeiten in grob- oder feinmotorischen Bereichen – je nachdem, was sie lieber vermieden haben. Doch Fähigkeiten entwickeln sich nur durch Anleitung und Übung. Kinder brauchen Anleitung, brauchen Ideen und das Miteinander bei den Übungen, um alle ihre Qualitäten gut entwickeln zu können.

Kinder brauchen Anleitung, um alle Qualitäten gut entwickeln zu können.

Das Bielefelder Screening (BISC) ermöglicht es, schon Vorschulkinder daraufhin zu untersuchen, ob bereits bei ihrem Schuleintritt mit Lernproblemen zu rechnen ist. Dieses Verfahren beinhaltet einfache Aufgaben zur phonologischen Bewusstheit, zum Kurz- und Langzeitgedächtnis und zur visuellen Wahrnehmung.

Mit einer kombinierten Förderung sowohl der phonologischen Bewusstheit als auch der Buchstaben-Lautkenntnis konnte in einer Studie der Universität Würzburg eindeutig die positive Entwicklung der als Risikogruppe eingestuften Vorschulkinder dokumentiert werden. Dabei wurden 700 Vorschulkinder getestet. Die schwächsten nahmen über 20 Wochen an diesem kombinierten Förderprogramm (»Hören, lauschen, lernen« 1+2) teil (s. a. S. 31 f.).

Der Aufwand für die Kindergärten ist gering im Vergleich zum Nutzen für die Kinder. Nach dem Screening genügen täglich zehn Minuten der Spiele des Programms, um nachhaltige Verbesserungen der visuellen und phonologischen Fähigkeiten und der Gedächtnisleistungen zu erreichen.

Sprechen Sie darüber mit der Leitung der Einrichtung, die Ihr Kind besucht. Leider sind vielen Kindergärten und Vorschulen diese Programme noch unbekannt. Das Material aus dem Verlag Vandenhoeck & Ruprecht ist über den Buchhandel erhältlich.

Erste-Hilfe Legasthenie

- Selbstbeobachtung dokumentieren
- Kinderarzt konsultieren
- Augen und Ohren untersuchen lassen
- Wahrnehmungstest (z. B. AFS-Test, Bielefelder Screening je nach Alter)
- Legasthenietest und/oder Dyskalkulietest durchführen lassen, ggf. neurologische Untersuchung
- spielend üben
- oft loben
- Das Kind in seiner Persönlichkeit stärken!

Dyskalkulie oder kein Talent zum Rechnen?

Lange Zeit hieß es, man hätte entweder das Talent zu mathematischem Denken, oder eben nicht. Besonders Mädchen sprach man dieses Talent ab, was völliger Blödsinn ist, denn Mädchen können genauso gut Mathe lernen wie Jungs. Hier hat das Rollendenken in der Gesellschaft eine immense Bedeutung. Die amerikanische Psychologin Janet Hyde berichtete im Wissenschaftsmagazin »Science« (Bd. 321) über ihre Untersuchungen an über sieben Millionen Schülern und belegt, dass Jungen und Mädchen gleich talentiert sind. In diesem Kapitel lesen Sie über Merkmale und Diagnoseverfahren der Dyskalkulie. Außerdem erfahren Sie, wie Sie mit Hilfe von Spielen das mathematische Denken Ihres Kindes schulen können.

Die offizielle Definition einer Dyskalkulie

Obwohl Lernstörungen von den Krankenkassen nicht als
Krankheiten anerkannt werden – denn diese müssten sich an
den Behandlungskosten beteiligen – werden sie von der WHO
als solche definiert.

Die Weltgesundheitsorganisation (WHO) definiert eine Dyskal-
kulie wie folgt: »Diese Störung besteht in einer umschriebenen
Beeinträchtigung von Rechenfertigkeiten, die nicht allein durch
eine allgemeine Intelligenzminderung oder eine unangemessene
Beschulung erklärbar ist. Das Defizit betrifft vor allem die
Beherrschung grundlegender Rechenfertigkeiten wie Addition,
Subtraktion, Multiplikation und Division, weniger die höheren
mathematischen Fertigkeiten, die für Algebra, Trigonometrie,
Geometrie oder Differential- und Integralrechnung benötigt
werden.«

Jungen und Mädchen haben die gleiche Begabung für Mathematik!

Ein Talent für Mathematik

Was ist aber nun dran an diesem »Talent«? In der Tat können
einige Menschen besser logische Zusammenhänge der Mathematik verstehen als andere. Dies ist aber nicht vom Geschlecht
abhängig. Generell unterscheidet man – auch in der Mathematik – intuitives Lernen und kulturelles Lernen.

Prof. Dr. Elisabeth Stern, seit 2006 Professorin für Lehr- und
Lernforschung an der Eidgenössischen Technischen Hochschule
Zürich, erklärt dies sehr anschaulich an folgendem Beispiel:
»Hier sind fünf Vögel, dort sind drei Würmer. Stell dir vor, alle
Vögel fliegen los, und jeder versucht, einen Wurm zu bekommen Wie viele Vögel bekommen keinen Wurm?« 96 Prozent
aller Sechsjährigen konnten diese Aufgabe lösen. Sie konnten
sich ein Bild von dem Geschehen machen und kamen intuitiv
zur richtigen Lösung.

Lautet die Aufgabe jedoch: »Hier sind fünf Vögel, dort sind drei Würmer. Wie viel mehr Vögel als Würmer sind da?«, lösten sie nur noch 25% der Kinder. Hier war ein abstrakteres Denken gefordert, das nennt sich »kulturelle Mathematik«.

Kulturelle Mathematik

Bereitet das Rechnenlernen einem Kind große Mühe, fällt es ihm auch schwer, kulturelle Mathematik einzusetzen. Es könnte möglicherweise durch eine intuitive Art der Fragestellung das Ergebnis finden, nicht jedoch, wenn Abstraktion erforderlich ist. Hier ist sehr wahrscheinlich eine Rechenschwäche die Ursache der Schwierigkeiten. Es gilt nun herauszufinden, ob das Kind eine erworbene Rechenschwäche hat, z. B. weil es mit dem Lehrer nicht zurechtkommt, oder weil ein Mädchen vielleicht schon vor der Einschulung »gelernt« hat: Mädchen können nicht rechnen. Es kann aber auch eine echte Dyskalkulie vorliegen, deren Ursachen – wie man inzwischen weiß – ebenfalls genetisch bedingt sind.

Erforscht wird die Dyskalkulie erst seit etwa 50 Jahren. Daher sind die Ergebnisse noch nicht so umfassend wie in der Legasthenieforschung. Doch auch hier gilt: Jede Dyskalkulie ist so einzigartig wie das Kind, das darunter leidet. Genau wie bei der Legasthenie sind die genaue Art und der Umfang der differenten Wahrnehmung zu untersuchen, und diese Wahrnehmungsdefizite müssen parallel zu den gemachten Fehlern geschult werden. Doch dazu mehr ab S. 110.

Im Allgemeinen spricht man von einer Legasthenie bzw. Dyskalkulie, wenn der sprachunabhängige Intelligenztest mindestens einen durchschnittlichen Wert zeigt. Ist die Intelligenz unterdurchschnittlich, wird diese als Ursache der Schwierigkeiten angenommen. Nichtsdestotrotz können auch bei diesen Kindern differente Wahrnehmungen das Erlernen der Kulturfähigkeiten zusätzlich erschweren. Es ist auch hier immer anzuraten, entsprechende Tests durchzuführen.

Verzögert sich die Entwicklung des abstrakten Denkens, haben Kinder große Probleme im Mathematikunterricht.

Die Merkmale einer Dyskalkulie

- das Kind lernt nur schwer die Uhr
- es kann Mengen und Größen nicht unterschieden
- es weiß nicht, welche Zahlen in welcher Reihenfolge auftreten
- es hat Schwierigkeiten, Zahlen zu schreiben, zu erkennen und richtig zu benennen
- es wirkt total vergesslich
- es kann eine mündliche Aufgabenstellung nicht wiedergeben
- es kann bei Textaufgaben nicht verstehen, was von ihm verlangt wird und daraus eine Aufgabenstellung entwickeln
- es verwechselt Zahlen, schreibt sie seiten- oder spiegelverkehrt
- es erfindet Rechenregeln oder Erklärungen, z. B. »Papa hat aber gesagt…«
- es bekommt körperliche Symptome, wenn es rechnen soll, z. B. Kopfschmerzen
- es braucht unverhältnismäßig viel Zeit für die Hausaufgaben bzw. Aufgaben im Unterricht
- es kann Einer, Zehner, Hunderter nicht unterscheiden, mit der Null nicht richtig umgehen
- es vertauscht Rechenarten
- es versteht nicht die Bedeutung des Gleichheitszeichens
- es versteht Geld und Werte nicht
- es vertauscht die Ziffern bei mehrstelligen Zahlen
- es kann Zahlen nicht oder nur schwer von anderen Symbolen unterscheiden
- es entwickelt eine Schulangst oder Angst in Bezug auf Fächer, in denen gerechnet werden muss

Was ist Mathematik?

Das ist eigentlich die wichtigste Frage, die wir uns zu Beginn
unserer Beschäftigung mit jeder Art von Rechenschwäche beant-
worten sollten.

»Mathematik ist die Sprache, die die Welt beschreibt« sagte
Prof. Gerhard Preiß, Professor em. für Didaktik der Mathematik, auf dem Symposium des Dachverbandes Legasthenie
Deutschlands in Jena 2008. Das Buch der Natur wurde in den
Buchstaben der Mathematik geschrieben. Diese Buchstaben sind
die geometrischen Formen, die unsere Umwelt beschreiben. So
hat es schon Galileo Galilei formuliert.

Heutzutage wird Mathematik den Kindern mit dem Wort
»Rechnen« erklärt, und oft wird dabei das Benennen der Zahlen und das Zählen als wichtigste Grundfertigkeiten verkannt.

Mathematik ist die Welt des Knobelns, die Welt der Abstraktion, die Kinder begreifen müssen.

Die Grundlagen für mathematisches Denken und Handeln:
* Vorstellen (bildlich erinnern oder bildlich konstruieren)
* Abstrahieren (aus dem inneren Bild Schlussfolgerungen ziehen)
* Kodieren (das Bild in mathematische Sprache umsetzen)
* Orientieren (wissen, wo man steht und wohin es geht)
* Gedächtnisleistung (merken, erinnern, benutzen)

Diese Grundlagen werden bei der Einschulung und mit Beginn
des Matheunterrichts vorausgesetzt, sind aber bei vielen Kindern im Alter von sechs bzw. sieben Jahren noch nicht vollständig vorhanden. Sie bilden sich erst im Laufe der ersten neun
Lebensjahre heraus. Auch hier gilt wieder: Jedes Kind ist einzigartig und entwickelt sich entsprechend einzigartig. Dennoch
können Probleme in Mathematik nicht mit dem »Das wächst
sich noch aus«–Satz abgetan werden. Je eher ein Kind in seiner
Entwicklung gezielt unterstützt wird, desto besser sind seine
Chancen, in der Schule erfolgreich am Matheunterricht teil-
zunehmen und dabei Spaß zu haben.

Mathematisches Denken beginnt mit der Geburt

Schon Babys »fühlen mathematisch«. Wenn ein Kind geboren wird, beginnt es die Welt zu sortieren. Das geschieht noch unreflektiert. Das heißt, das Kind kann nicht bewusst sein Handeln überdenken und daraus Schlussfolgerungen ziehen.

Doch wird es z. B. Reaktionen als freundlich und unfreundlich, Gefühle als angenehm und nicht angenehm klassifizieren. Je weiter es sich entwickelt, desto mehr und genauer fallen diese Klassifizierungen aus, und einzelnes wird noch weiter in Kategorien unterteilt. Es lernt hell und dunkel, hart und weich, aber auch heller und dunkler, härter und weicher zu unterscheiden.

Mit einem Jahr kann es Formen klassifizieren und beginnt den Dingen »Namen« zu geben. Mit drei Jahren kann ein Kind in der Regel Dinge nach Gemeinsamkeiten und Unterschieden ordnen. In diesem Alter beginnt es auch zu zählen, oft noch 1, 2, 5, 3, 7, 10, also ohne Kenntnis der richtigen Reihenfolge und noch ohne Kenntnis der Mengenbedeutung, die hinter der Zahl steht.

Ohne dieses Verständnis kann es jedoch das mengenmäßige »größer als« bzw. »kleiner als« nicht verstehen, ebenso wenig wie das Prinzip, dass der Unterschied zur nächsten Zahl immer 1 ist, wobei es sich um einen Teil von etwas handelt. Bleibt es hier in seiner Entwicklung stehen, aus welchen Gründen auch immer, wird es nicht wirklich das Rechnen lernen können. Es wird einfache Aufgaben mit Hilfe des Abzählens oder Auswendiglernens bewältigen können. Daher fällt Dyskalkulie oft erst am Ende der 2. Klasse auf (s. S. 99). Handelt es sich um größere Zahlen und Mengenoperationen, verliert das Kind den Anschluss.

Die Grundlagen des Erlernens der Mathematik

Wollen wir erworbene Rechenschwächen verhindern und Kinder mit angeborener Dyskalkulie unterstützen, müssen wir möglichst schon im Alter von drei bis vier Jahren beginnen, mathematisches Denken zu schulen.

Welche Grundlagen sind zum Erlernen der Mathematik notwendig? Und wir sollten gleich ergänzen: Wie fördere ich diese am besten?

Die allgemeinen Fähigkeiten, die ein Kind beherrschen muss, um Rechnen zu lernen, sind:

- Orientierung im Raum
- Sortieren und Ordnen
- Verständnis von Menge und Zahl
- die Fähigkeit, es sprachlich auszudrücken

Eine der wichtigsten Teilleistungen, die ein Kind befähigen, Mathematik zu lernen, ist also die Orientierung im Raum. Sie beginnt mit der Unterscheidung von rechts/links, oben/unten, hinten/vorn aber auch früher/später. Die meisten Eltern und Lehrer gehen davon aus, dass Kinder im Schulalter dieses im Großen und Ganzen können. Eine Schwierigkeit dabei ist jedoch die Abhängigkeit der Raumwahrnehmung von einem Bezugspunkt. Fällt es einem Kind schwer, diesen Bezugspunkt für sich zu ermitteln, kann es diese Unterscheidungen nicht treffen.

Raumorientierung ist eine wichtige Teilleistung zum Erlernen der Mathematik.

Beispiel: Pierre, 5 Jahre

Bei einem farbigen Würfel, der vor ihm liegt, kann Pierre z. B. nicht bestimmen, wo vorn und wo hinten ist. Er weiß nicht, dass in diesem Fall er selbst mit seiner Blickrichtung der Bezugspunkt ist. Vorn ist also die Fläche, auf die er schaut, hinten wäre die Fläche, die dem entgegengesetzt liegt. Für Pierre sehen aber alle Seiten des Würfels gleich aus. Vorne oder hinten gibt es für ihn hier nicht.

Bei einer Reihe von Zahlen kann er nicht sagen: Die Fünf kommt vor der Sechs und nach der Vier.

Da Pierre generell mit Richtungen Probleme hat, fällt ihm das Einhalten der Arbeitsrichtung »von links nach rechts« schwer.

*Er bringt beide durcheinander. Bei Rechenoperationen ist dies
aber besonders wichtig. Das Sortieren und Ordnen fällt Pierre
ebenfalls schwer. Er versteht nicht, nach welchen Prinzipien er
ordnen soll. Begriffe wie »größer als« und »kleiner als« sind
ihm im Bezug auf Zahlen ein Rätsel, da ihm das Mengenverständnis dahinter fehlt.*

Bei der Aufgabenstellung: Welche Zahl ist die größte?

$$_4 \ 7 \ _3 \ \mathbf{1}$$

würde Pierre die 1 nennen, da sie ganz groß gedruckt ist.

Können Kinder abstrahieren?

**Abstrakte Vorstel-
lungen werden
vorausgesetzt.**

Im Schulalltag wird erwartet, dass Kinder mühelos abstrakte
Vorstellungen entwickeln können. Es werden ihnen zum Beispiel
fünf Äpfel auf einem Bild gezeigt, drei davon sind jedoch bis auf
das Kerngehäuse abgenagt. Sie sollen nun angeben, um welche
Rechenaufgaben es sich hier handeln könnte.

Die Fähigkeit zu dieser Abstraktion ist jedoch vielen Kindern
nicht möglich. Auch nach der Erklärung »Das Bild zeigt die Aufgabe 5 − 3 = 2« werden viele Kinder sagen: »Aber da sind doch
immer noch fünf auf dem Bild, wieso denn zwei?« Sich vorzu-
stellen, dass drei Äpfel aufgegessen wurden, die Kerngehäuse
also nur die gegessenen Äpfel symbolisieren, ist ihnen nicht möglich. Doch gerade die Vorstellungsfähigkeit in Bezug auf Mengen
ist eine Grundvoraussetzung, um das Rechnen zu lernen.

Im Fall von Pierre und der Aufgabe, die größte Zahl zu bestimmen, fehlt Pierre die Vorstellung, dass hinter jeder Zahl eine
bestimmte Menge verborgen ist. Die Zahl steht im Bezug zu der
Menge. Die Menge kann im Vergleich zu einer anderen als
»mehr als«, »weniger als« oder aber als »größer als« und
»kleiner als« geordnet werden.

Wird in der Schule auf das reine Zählen mehr Wert gelegt als auf das Erkennen der Zusammenhänge zwischen Menge und Zahl, wird nur auf der sprachlichen Ebene operiert. Gerade hier wäre es fatal, mit dem »Zahlenstrahl« zu arbeiten, der meiner Meinung nach viel zu früh im Unterricht eingeführt wird. Die Kinder neigen dazu, eine Zahl als einen Platz auf einer Linie zu begreifen, nicht als Strecke zwischen zwei Positionen.

Schritt für Schritt

Gerade rechenschwache Kinder sehen eine Zahl nicht als Menge an. Daher muss bei ihnen grundlegend vom aktuellen Schulstoff weg hin zum mengenerfassenden Denken gearbeitet werden, um diese Defizite rasch aufzulösen. Erst danach können diese Kinder im Schulstoff weiter machen.

Auch das Erkennen von Mustern fällt rechenschwachen Kindern schwer. Dass 12 + 5 und 22 + 5 sich nur im Zehner unterscheiden, wird nicht verstanden. Für diese Kinder handelt es sich jedes Mal um eine neu zu bewältigende Hürde im Dschungel der Zahlen und Rechenoperationen.

Üben Sie frühzeitig das spontane Erkennen von Mengen.

Mathematisches Denken – richtig geschult von Anfang an

Wie hätte Pierre denn schon früh in seinem mathematischen Denken gefördert werden können?

Je früher wir anfangen, spielerisch die Welt zu klassifizieren und zu ordnen, desto leichter entwickeln Kinder die Denkmuster, die ihnen in der Schule helfen, Mathematik richtig zu verstehen und anzuwenden.

In seinem Programm »Entenland« für die mathematische Frühförderung zeigt Prof. Preiß fantasievoll und kreativ, wie Kinder schon ab einem Alter von zweieinhalb bis drei Jahren an dieses Denken und Handeln herangeführt werden können.

Zuerst lernen die Kinder, Farben zu unterscheiden, dann kommen ebene (zweidimensionale) Formen wie Dreieck und Kreis hinzu. Die Kinder ordnen nach Formen, Farben und in Kombinationen aus beiden ihre Spielelemente. Dabei wird alles immer benannt, denn die Sprache ist der wichtigste Weg, Verstandenes auch dauerhaft zu speichern. Später werden die Richtungswahrnehmungen behandelt. Wiederholungen sind dabei für den Prozess der Automatisierung unerlässlich.

Unser Gehirn kann nur Mengen bis fünf auf einen Blick erfassen, sechs wird schon als 5 + 1 wahrgenommen.

Der nächste Schritt ist die Simultanerfassung von Mengen bis fünf. So sollen die Kinder zum Beispiel mit einem Seil drei Enten zugleich fangen und ans Ufer ziehen. Auf der Spielfläche »Teich« sind aber viele Enten. Die Kinder schulen dabei das spontane Erkennen des Bildes der Zahl 3 als Menge.

Nachdem die Simultanerfassung automatisiert ist, können räumliche Figuren wie z. B. Pyramide und Würfel, Gewichte und die Richtungen oben und unten hinzukommen. Am Ende des Entenland-Projektes können die Kinder alle Richtungen richtig benennen, Formen und Farben unterscheiden, und sie haben ein Verständnis für Menge und Zahl entwickelt.

Im »Zahlenland« üben die Kinder nun spielerisch weiter, erst bis 10, dann bis 20. Sie bauen mit Reifen, die am Boden ausgelegt werden, für jede Zahl ein Haus. In der Natur entdecken sie, was z. B. die Zahl 5 bedeutet. Sie erkennen, wie die Zahl hilft, die Welt, in der sie leben, zu beschreiben. Ihre schon im Entenland erworbenen Formenkenntnisse lassen sie nun auch weitere Dinge aus ihrer kindlichen Erlebenswelt auf ganz selbstverständliche Weise beschreiben. Der Zahlenweg aus Teppichfliesen hilft den Kindern, die Ordnung der Zahlen zu begreifen. Beim Abschreiten des Zahlenweges erfahren sie »davor« und »danach«.

Auf diese Weise lernen Kinder die Bedeutung von Zahlen und

ihre Ordnung verstehen. Wenn sie nun in der Schule rechnen lernen sollen, können sie einen Bezug zwischen Zahl und Umwelt herstellen. Schon früh geübt gelingt ihnen dies nun völlig selbstverständlich.

Kindergärten und Vorschulklassen können einen großen Beitrag dazu leisten, Rechenschwäche zu minimieren und Mathematik zu einem interessanten Entdecken der Welt zu machen. Auch Sie als Eltern können Ihr Kind auf ähnliche Art zu Hause fördern.

Tipp:
Gestalten Sie mit anderen Eltern zusammen im Kindergarten einen »Zahlengarten«.

Der Mathekasten:

Ab etwa 2 ½ Jahren
- Farben und ebene Formen benennen und spielerisch ordnen
- innen und außen unterscheiden

ab 3 Jahren
- Kombinationen aus Formen und Farben erweitern
- Gewichte: leichter – schwerer; oben – unten

ab 3 ½ Jahren
- Zahlen bis 5 und Würfelbilder bis 5 zuordnen
- räumliche Figuren (z. B. Kugeln oder eckige Körper in die richtigen Löcher stecken)
- Mengen unterscheiden (mehr als / weniger als)

ab 4 Jahren
- Höhen und Längen
- vorn/hinten, rechts/links
- vorher/nachher
- Jahreszeiten aufzählen können

Bis fünf können Kinder in der Regel schon vor Schuleintritt zählen. »Fünf« kann jedoch ganz Unterschiedliches bedeuten. Es kann sich um eine Menge »fünf« handeln, um eine Strecke auf dem Zahlenstrahl, z. B. die Strecke zwischen drei und acht, es kann aber auch eine Ordnungszahl, »der Fünfte«, sein. Diese Bedeutungen gilt es, den Kindern anschaulich beizubringen. Gerade an dieser Anschaulichkeit hapert es jedoch oft im Unterricht und in den Lehrbüchern. Dort werden immer noch stupide Rechenkolonnen angeboten, die das Verstehen der mathematischen Handlung nicht im Geringsten unterstützen. Ganz im Gegenteil, sie sind langweilig und lassen den jungen, munteren Geist abstumpfen.

Im Spielwarenhandel gibt es zahlreiche Spiele, die Sie zu Hause mit Ihrem Kind spielen können, um es anschaulich zu fördern und in seinen Fertigkeiten zu unterstützen (s. S. 113).

Rechenschwäche – wie kann sie erkannt werden?

»Das gibt sich noch. Sie müssen halt etwas mehr üben.« Nicht nur beim Lesen und Schreiben, auch beim Rechnen bekommen besorgte Eltern oft diese Antwort von der Lehrerin ihres Kindes. Doch leider gibt sich eine Rechenschwäche, ob angeboren oder erworben, nicht von allein. Ganz im Gegenteil. Rechenschwache Kinder finden oft schnell Möglichkeiten der Kompensation. Gerade der Zahlenraum der ersten zwei Grundschulklassen lässt ihnen dafür einen großen Spielraum.

Eine Rechenschwäche gibt sich nicht von allein.

Vorschläge statt Verbote

Lehrer, die die Kinder gern schnell vom Zählen zum Rechnen bewegen wollen, verbieten oft von Anfang an das Benutzen der Finger als Hilfsmittel. Leider nützt das gar nichts. Kinder, die nicht abstrahieren können, werden auch ohne Finger weiter das Abzählen zu Hilfe nehmen. Ob dafür nun die Füße, Augenblinzeln oder Muskelanspannungen genutzt werden – das Kind wird zählen. Es wird auch nicht von allein damit aufhören. Dem Kind müssen vielmehr mengenbezogene Möglichkeiten im Umgang mit Zahlen beigebracht werden.

Das Verbot, beim Rechnen die Finger zu benutzen, ist nutzlos.

Vorstellungskraft durch Spiele fördern
Auch anderes Unterrichtsmaterial, wie das Perlenmaterial, Kugeln oder Steckwürfel würden von diesem Kind als Zählhilfe verwendet werden.
Es sollte die Finger ruhig benutzen dürfen, allerdings nicht zum Zählen, sondern um die Zahl 5 mit der Vorstellung »alle Finger einer Hand« zu verknüpfen. Bei nicht rechenschwachen Kindern stellt sich diese Vorstellung oft schon im Alter von vier Jahren ein. Die Zahl 8 wäre dann »alle Finger an einer Hand und drei von der anderen« bzw. »vier Finger jeder Hand«, die 10 »alle Finger beider Hände«.
Rechenschwache Kinder haben oft Schwierigkeiten, sich ein inneres Bild von dieser »Zahlhand« zu machen. Ihre Vorstellungskraft muss also besonders gefördert werden. Dabei sollte darauf geachtet werden, dass auch die sprachliche Umsetzung geübt wird. Zeigt das Kind – zuerst nach Abzählen, später als automatisierte Mengen– an einer Hand fünf, an der anderen drei Finger, so soll gesprochen werden: » Ich habe acht Finger, an einer Hand fünf, an der anderen drei«.
Kann das Kind nun alle Zahlen bis 10 ohne Abzählen, aber durch Ansehen der Finger spontan darstellen, sollten die Hände unter einem Tuch versteckt werden. Nun wird geübt, durch Fühlen der Finger und dem Erinnern des Handbildes die Zahl darzustellen. Die 8 kann aber auch durch 4 + 4 oder 6 + 2 dargestellt werden.
Immer gilt: die Finger werden zur Darstellung der Menge benutzt, nicht zum Zählen. Erst wenn die Mengendarstellungen

Ohne Automatisie-rung der Mengen-erfassung ist Rech-nen nicht möglich.

automatisiert wurden, kann mit den Grundrechenarten begon-nen werden. Es können auch Bildkarten mit darauf abgebildeten Händen für diese Übungen verwendet werden. Zeigen Sie diese Karten immer nur kurz, damit das Kind nicht erneut zum Zäh-len verleitet wird.

Dabei sollte zuerst die Bedeutung von = als »ist gleich« erarbei-tet werden. Dies ist für viele rechenschwache Kinder nicht ver-ständlich. Eine Waage mit zwei Waagschalen hat sich im Trai-ning rechenschwacher Kinder für diese Darstellung bewährt. Das Zeichen für »ist gleich« wird auf den Anzeiger geklebt. Nun soll das Kind ausprobieren, was passiert, wenn es verschie-dene Anzahlen von Steinchen gleicher Art auf jede Waagschale legt. Ist auf beiden Schalen gleich viel, bedeutet das »ist gleich«. Die Rechenaufgabe 4 + 3 = 7 lässt sich wie folgt verständlich machen: Sieben Steinchen werden auf eine Waagschale gelegt, drei auf die andere. Die Waage ist nicht im Gleichgewicht. Nun füge ich vier Steinchen hinzu. Die Waage ist wieder ausgegli-chen. Auf beiden Seiten befinden sich nun sieben Steinchen. Die Aufgabe lautet also 7 = 3 + 4.

Für die Erarbeitung von Mengen und Zahlbegriffen haben sich die »Kieler Zahlenbilder« (s. S. 102) aus dem Veris Verlag bewährt, die von Christel Rosenkranz, einer Kieler Förder-schulpädagogin, entwickelt wurden. Mit ihrer Hilfe lässt sich mengenerfassend lernen. Aber auch hier muss darauf geachtet werden, dass die Steckhölzchen nicht zum Zählen verwendet werden.

Der Zahlenstrahl

Der Zahlenstrahl, oft schon Ende Klasse 1 im Unterricht ver-wendet, wird von rechenschwachen Kindern nicht als Strecke, sondern als »Linie mit Strichen, die einen Namen haben« ver-standen. So ist es für sie nicht ersichtlich, warum der Zahlen-strahl mit 0 anstatt mit 1 beginnt. Ebenso ist ihnen unverständ-lich, warum von 2 bis 6 noch 4 fehlen, wenn zwischen diesen

Positionen doch nur drei Striche liegen. Der Zahlenstrahl sollte also erst später und dann als Längenmodell einer Zahl eingeführt werden. So ist die 15 länger als die 9. Die 9 ist weniger als eine 10er-Strecke, die 15 ist eine ganze und eine halbe 10er-Strecke. In Verbindung mit Übungen zum Abmessen von Strecken entwickelt das Kind eine Vorstellung hin zur Größe einer Zahl, besonders, wenn die Strecke auch als »Höhe« dargestellt wird, anstatt wie sonst die Zahl als reine Position auf dem Strahl.

Rechenschwach in Klasse 1 und 2

- Defizite in visueller Wahrnehmung und Raumorientierung fallen auf. Diese müssen nicht, können aber zu einer Rechenschwäche führen.
- Gemeinsamkeiten und Unterschiede können nicht erkannt werden. *Frage: Welche Gemeinsamkeit finden wir bei Fischen und Hunden? Antwort des Kindes: Fische und Hunde haben nichts gemeinsam, denn Fische leben im Wasser (gemeint war aber der Oberbegriff »Tier«).*
- Über- und untergeordnete Begriffe werden nicht verstanden: *Auf dem Bild sind mehr Katzen als Tiere.*
- Anzahl und Größen werden nicht verstanden: *Fünf große Bälle sind für das Kind mehr als fünf kleine Bälle.*
- Die Zahl wird als Platz auf einer Linie, nicht als Menge verstanden: *Auch nach drei Monaten Unterricht der Klasse 1 wird noch abgezählt, sogar im Bereich bis fünf.*
- Weiterzählen nach fünf funktioniert nicht: *Das Kind zählt an einer Hand bis fünf, an der anderen bis drei und dann alle wieder von vorn, um zur acht zu gelangen.*
- Plus und Minus wird verwechselt, Umkehraufgaben werden nicht erkannt: *Das Kind hat keinen Mengenbezug zu den Rechenoperationen hergestellt und kann diese nicht mit Ereignissen aus seiner Erlebniswelt verknüpfen.*

Rechtzeitige Förderung schützt die Psyche Ihres Kindes.

Zeigt Ihr Kind Unlust, stört es oder wirkt es bedrückt, dann braucht es Ihre Hilfe!

7 + 2 = 9 kann nicht mit 9 − 2 = 7 in Verbindung gebracht werden.

- Die Zehnerüberschreitung und die Zahlzerlegung gelingen auf Dauer nicht. Schwierigkeiten machen auch anhaltende Zahlendreher, willkürliche Verknüpfung von Einern und Zehnern sowie das Nichtvorhandensein eines Größen- und Mengenverständnisses: *Das Kind kann nicht am Ergebnis erkennen, dass es falsch gerechnet hat: 10 + 7 = 107. Das 1 x 1 kann nur auswendig nachgesprochen, nicht jedoch angewendet werden.*

Rechenschwach ab Klasse 3

Oft fällt es den Lehrern oder Eltern erst in Klasse 3 auf, dass ein Kind Probleme mit der Mathematik hat. Wie ist das möglich? Es konnte sich bis dahin noch durch Auswendiglernen und Abzählen über die größten Hürden hinwegschummeln.
In Klasse 3 werden nun Textaufgaben in neuer Art eingeführt. Konnte das Kind in Klasse 2 die einfache Textaufgabe: »Lena hat 15 Bonbons. Diese will sie mit ihren vier Freundinnen teilen. Wie viele bekommt jedes Kind?« vielleicht noch umsetzten (bei dyskalkulen Kinder wäre hier jedoch schon die Zahl 4 in der Aufgabe eine große Hürde), so wird ab Klasse 3 ein komplexeres Textverständnis gefordert. Dazu muss es dem Kind möglich sein, nicht nur den Inhalt sprachlich zu verstehen, sondern daraus eine innere Vorstellung zu entwickeln.

Die ersten Fragen, die sich ein Kind hier stellen muss, lauten:
- Was habe ich?
- Was soll ich damit tun?
- Was brauche ich?
- Welche Handlung bzw. welche Rechenaufgabe ist notwendig?

Im Beispiel der einfachen Aufgabe von Lena und den Bonbons müsste das Kind aber verstehen, dass zu den vier Freundinnen Lena hinzugezählt wird. Die 15 Bonbons müssen also durch fünf und nicht durch vier geteilt werden. Dieser für uns ganz selbstverständliche Vorgang ist einem Kind mit Rechenschwäche jedoch nicht so einfach möglich.

»Da muss ich aber doch was mit der 4 machen, sonst wäre die doch nicht in der Aufgabe« sagte Katarina in der Trainingsstunde.

Wird in Klasse 3 im Zahlenraum bis 1000 gerechnet, finden sich dyskalkule Kinder nicht mehr zurecht. Ohne ein Verständnis für das Stellenwertsystem können sie die Aufgaben nicht richtig lösen. In vielen Schulen sollen die Kinder lernen, nach getrennten Stellenwerten zu rechnen. Wenn sie aber die Stellenwerte nicht verstehen, passiert z. B. Folgendes:

Gerechnet wird die Aufgabe 38 + 47. Timo hält sich an die Regel, die Stellen erst getrennt auszurechnen:

Er rechnet $\qquad$ $3 + 4 = 7$

$\qquad\qquad\qquad$ $8 + 7 = 15$

Daraus folgt $\qquad$ $38 + 27 = 715$

Rechenschwache Kinder sind sehr irritiert, wenn sie Stellenwerte getrennt ausrechnen sollen.

Er erkennt nicht, dass dies nicht stimmen kann. Wir sehen auch schon an der Art seiner Darstellung, dass er die Zehner nicht als solche erkennt. *» Vielleicht rechnest du besser erst die Einer aus. Wenn es über 10 geht, schreibst du nur den Einer auf und merkst dir den Zehner. Dann zählst du diesen Zehner später zu den anderen dazu«*, schlägt die Lehrerin vor.

Timo rechnet nun:

$8 + 7 = 5$ (10 merken), $3 + 4 = 7$ (+ 10 = 17)

$5 + 17 = 22$ – Also wieder falsch.

Timo versteht die Welt nicht mehr. Auf die Frage, warum er bei den Zehnern nicht 30 bzw. 20 aufschreibt, sondern nur 3 bzw. 2, antwortet Timo: »Die Null ist nichts, daher kann ich sie weglassen«.

Das Stellenwertsystem der Zahlen ist das A & O, achten Sie darauf, dass Ihr Kind es versteht.

Wenn also das Stellenwertsystem nicht verstanden worden ist, sind diese Rechenmethoden nicht geeignet für das Kind.

Mit Hilfe der »Montessorizahlen« lassen sich Hunderter, Zehner und Einer (aber auch größere Stellenwerte) optisch darstellen, sodass die Kinder erkennen können, wo welcher Stellenwert zu finden ist.

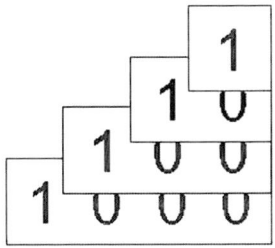

Die Stellenwerte lassen sich einfach darstellen. Die Karten werden übereinandergelegt. So veranschaulicht, fällt das Verstehen leicht.

Die »Kieler Zahlenbilder« vermitteln ganz praktisch den »Umzug« vom »Einerhaus« in das »Zehnerhaus« – also das Umtauschen von zehn Einern in einen Zehner. Gerade diese Handlung, die wirklich mit den Händen anhand von Sachmaterialien ausgeführt werden sollte, ermöglicht es dem Kind, hinter das Stellenwertgeheimnis zu kommen.

Das Spiel »Stellenwertrallye« (s. S. 115) übt auf spielerische Art diesen Umtausch innerhalb der Stellen und vermittelt so anschaulich, worum es eigentlich geht.

Das leidige 1 x 1

Das 1 x 1 zu lernen scheint für einige Kinder eine große Hürde zu sein, andere sagen es in erstaunlicher Schnelle richtig auf. Dass hier oft das reine Auswendiglernen mehr Beachtung findet als das Verstehen der Rechenoperation, wird von Lehrern und Eltern dabei leicht vergessen.

Warum 4 x 3 = 12 zwar umgekehrt das gleiche Ergebnis hat, es sich aber um zwei völlig verschiedene Sachverhalte handelt, ist eine der wichtigsten Grundlagen im Erlernen und Verstehen des 1 x 1. Oft wird damit begonnen, eine Plus-Kette in eine Malaufgabe umzuwandeln.

Beispiel: 4 + 4 + 4 = 12 ist das Gleiche wie 3 x 4 = 12.

Nun folgt in der Schule sofort die Umkehraufgabe. Bei den Kindern entsteht der Eindruck, dass es völlig egal ist, was man aufschreibt und rechnet.

Wenn man aber zur Veranschaulichung vier Äpfel in drei Körbe legt, kann man erkennen, dass es sich nicht um das Gleiche handelt, als wenn man drei Äpfel in je vier Körbe legt, auch wenn das Ergebnis jedes Mal zwölf ist. Hier würde die Plus-Kette 3 + 3 + 3 + 3 = 12 lauten.

Für ein Kind mit Rechenschwäche ist diese anschauliche Darstellung ganz besonders wichtig, um den Sinn der Aufgabe zu verstehen und anhand ähnlicher Beispiele nun eigene Aufgaben richtig zu stellen und zu lösen. Ein reines Aufsagen der 1 x 1-Aufgaben bedeutet also noch nicht, dass das Kind sie auch verstanden hat.

Die anschauliche Darstellung einer Rechenaufgabe ist besonders wichtig.

Umrechnen von Maßen & Mengen und die Geometrie

In der dritten Klassenstufe werden die Kinder im Mathematikunterricht mit vielen neuen Herausforderungen konfrontiert. So sollen sie Maße, Gewichte und Mengen kennen und umrechnen lernen, geometrische Formen sind zu unterscheiden, zu benennen und zu zeichnen.

Alle diese Anforderungen brauchen die sichere Grundlage abstrakten Denkens und klarer innerer Bilder, zum Teil auch aus unterschiedlichen Perspektiven. Dies können sogar Erwachsene nicht immer ausreichend leisten. Kinder werden in der Schule jedoch in einem Tempo durch die Themen gescheucht, das ihnen nur wenige Möglichkeiten bietet, das gerade frisch Gelernte auch dauerhaft zu verinnerlichen.

An manchen Schulen folgt leider auch die Reihenfolge der Themen nicht der Logik. Da sollen Figuren erkannt, gezeichnet und gemessen werden, ohne vorher über Längenmaße und Strecken zu sprechen.

Die Umrechnung, z. B. von km in cm, erfordert sichere Kenntnisse der Stellenwerte und der Maßeinheiten. Werden diese jedoch nur theoretisch besprochen, nicht aber durch konkrete Experimente im Unterricht dargestellt, werden viele Schüler Probleme haben, das Thema zu verstehen. Nur etwa 5 % bis 10 % der Schüler sind überwiegend verbal orientiert, die Mehrzahl ist praktisch-anschaulich begabt. Darauf sollte im Unterricht verstärkt geachtet werden. So könnte das Abmessen schon in Klasse 1 beim Kennenlernen der Zahlen anschaulich zeigen, welche unterschiedlichen Bedeutungen Zahlen haben. Gemessen werden kann spielerisch in »Radiergummilängen«, »Daumenlängen« u. v. a. Es kann überlegt werden, wie viele dieser Radiergummis wohl ein kleines Lineal ergeben. Schon wird mit Längenmaßen, die den Kindern bekannt sind, früh geübt, worauf es ankommt. Später stellen wir die Frage: »Wie können Längenmaße für alle gültig sein?« und kommen auf diesem Weg ganz natürlich zu den gebräuchlichen Maßeinheiten. Nun bauen die Kinder Neues auf Bekanntem und schon Erlebtem auf.

Gerade das Umrechnen von Maßen und Gewichten sollte ganz praktisch im Unterricht geübt werden.

Automatisierung – ohne sie geht es auch hier nicht

In manchen Schulklassen ist die Automatisierung verpönt. Sie wird fälschlich als reines Auswendiglernen ohne Verstehen missverstanden. Dem ist aber nicht so.

Automatisieren bedeutet, mühselige Zähloperationen mittels Finger oder inneres Zählen abzulegen, da dies zu anstrengend ist, zu lange dauert und zu Fehlern führt. Automatisierung ist notwendig im Bereich der Grundfertigkeiten des rechnerischen Denkens (Addition, Subtraktion bis 10 sowie die Zehnerüberschreitung bis 20), um die gespeicherten Ergebnisse für das Rechnen im höheren Zahlenraum einsetzen zu können.

Hat ein Kind ein bestimmtes mathematisches Konzept, z. B. das der Addition oder Multiplikation, automatisiert, kann es auf die Frage 24 + 36 ganz schnell 60 antworten, da es die Struktur des Rechenweges und eine innere Vorstellung der Zahlen auf der Hundertertafel kurzfristig abrufen kann. Genauso muss das kleine 1 x 1 gut gekonnt werden. Wer bei 7 x 8 lange nachdenken muss, wird bei 71 x 85 große Probleme haben.

Mathematische Konzepte müssen »automatisiert« werden, damit Kinder sie automatisch anwenden können.

Wie entsteht Automatisierung?

- die Prozesse vollziehen sich auf neuronaler Ebene, d. h. die Aufgabe wird unbewusst abgearbeitet
- häufiges intensives Trainieren, d. h. eine hohe Anzahl von Wiederholungen führt dazu, mit weniger geistiger Anstrengung schneller und fehlerfreier arbeiten zu können (Routine)
- bestimmte Aufgabenlösungen fallen uns sofort ein
- die Ausführung erfolgt im Langzeitgedächtnis
- man ist wieder frei für neuen Lernstoff

Wichtig für die Automatisierung sind folgende Regeln:

- nur in kleinen Portionen lernen, damit die Konzentrationsspanne nicht überschritten wird
- regelmäßige Wiederholung im Merkprozess z. B. mit Hilfe einer Lernkartei
- unmittelbares Lob bei richtiger Lösung
- unmittelbares Korrigieren einer falschen Lösung

Man geht davon aus, dass die Aufgabe automatisiert ist, wenn die Antwort binnen einer Sekunde erfolgt.

Häufige Fehler beim Üben

Alle Übungen und Beispiele müssen aus der Erlebniswelt des Kindes stammen, um verstanden zu werden. Um nun richtig und automatisierend zu üben und die AUFGABE zusammen mit dem ERGEBNIS in den Langzeitspeicher zu überführen, müssen beide gemeinsam so oft wiederholt werden, bis das Kind das Ergebnis innerhalb einer Sekunde nennen kann und dies auch nach einer Unterbrechung, z. B. durch zwei andere auf diese Weise geübte Aufgaben, ohne Schwierigkeiten wiederholt. Auf diese Weise sollten alle schulischen Lerninhalte gelernt werden.

Fragen Sie Ihr Kind beim Üben nach seiner bildhaften Vorstellung für den Rechenweg.

Beispiel: Torben, 8 Jahre
Torben übt mit seiner Mutter das kleine 1 x 1. Die Mutter fragt die 6er-Reihe ab. Sie beginnt mit der Aufgabe 3 x 6. Torben kann das Ergebnis noch nicht aus dem Langzeitspeicher abrufen. Er behilft sich mit der Addition. 6 + 6 + 6 = 18. Dabei nutzt er die Finger. Die Mutter fragt nun die nächsten Aufgaben ab: 4 x 6 und 5 x 6. Auch hier kann Torben sich nur mühevoll auf das Ergebnis hinbewegen.
Jede Aufgabe wird von der Mutter sofort gestellt, nachdem Torben sein Ergebnis genannt hat. Hat er einen Fehler gemacht, nennt sie die richtige Antwort und wechselt dann zur nächsten Aufgabe. Torben hat also keine Chance, das richtige Ergebnis im Langzeitspeicher abzuspeichern, da dieses im Kurzzeitspeicher sofort durch die neuen Aufgaben gelöscht wird. Ob Torben überhaupt die Aufgabe für das genannte Ergebnis noch im Kurzzeitspeicher verfügbar hat, ist zu bezweifeln, da er durch seinen mühevollen Rechenweg auch diese daraus schon wieder gelöscht haben kann. Hinzu kommt, dass er selbst nicht auf das richtige Ergebnis gekommen ist, es wurde ihm von der Mutter »vorgesagt«.

Sichere Fundamente schaffen

Das bewusste Lernen in jedem Fach verläuft immer über den Kurzzeitspeicher. Deshalb muss vom Lehrer/von den Eltern sichergestellt werden, dass alle Grundlagen durch konsequentes und richtiges Wiederholen in den Langzeitspeicher gelangen.

Wichtig ist auch, dass Ihr Kind genug Zeit hat, selbst zu seinem Ergebnis zu kommen. Eine ruhige Atmosphäre ist eine wichtige Grundlage dafür, dass das Gehirn richtig funktionieren kann. Hat das Kind den Eindruck, unter Druck zu stehen, sorgen Stresshormone dafür, dass nur auf die lebenswichtigen Funktionen zugegriffen werden kann. Für den Bereich der Mathematik wäre das zum Beispiel das Einschätzen eines Fluchtweges und der Zeit, die dafür benötigt wird. Das 1 x 1 ist dann Nebensache.

Ruhe und Gelassenheit schützen vor einem »Black-out«.

»Und jetzt alle zusammen«

Vor vielen Jahren war es in der Schule üblich, im Klassenverband gemeinsam und laut Worte zu buchstabieren oder Rechenaufgaben aufzusagen. Diese Methoden gerieten als »stures Pauken« in Verruf. Dabei sind gerade die dabei entstehenden rhythmischen Sprechgesänge eine erstklassige Unterstützung der Automatisierung. Der Fehler damals lag darin, dass auf das Verstehen der Inhalte wenig Wert gelegt wurde.

Gerade Kinder mit einer Rechenschwäche brauchen aber Zusammenhänge. Nach der Devise: »Was sinnlos ist, fliegt raus« werden nicht verstandene Dinge sofort wieder vergessen. Eine Kombination aus erklärendem Unterricht und rhythmischer Automatisierung kann daher vielen Kindern das Lernen erheblich erleichtern.

Häufige Fehler im Unterricht

Das Wissen der Welt wächst kontinuierlich. Auch die Inhalte, die in der Schuler vermittelt werden sollen, nehmen zu. Den Kindern wird dafür jedoch immer weniger Zeit zur Verfügung gestellt.

Das Abspeichern

Der erste Fehler, der in der Schule gemacht wird, ist das zu frühe Fortfahren im Stoff. Der nächste Lernschritt wird verlangt, bevor der vorherige richtig gespeichert wurde. Für manche Kinder mag das nicht so schlimm sein. Aber jeweils etwa 25% der Schüler einer Klasse benötigen außerschulische Unterstützung oft schon am Ende von Klasse 1, um mit dem Tempo mithalten zu können. Gerade im Bezug auf das 1 x 1 müssen aber drei wichtige Voraussetzungen erfüllt sein, bevor weiter vorangegangen werden kann.

Kinder brauchen Zeit, den Stoff zu speichern.

1. Ohne ein sicheres Operationsverständnis ist die Automatisierung des 1 x 1 nicht möglich. Dies wird aber oft durch das reine Auswendiglernen ohne Verstehen überdeckt und in schriftlichen Lernstandüberprüfungen nicht hinterfragt. Helfen kann hier nur ein konsequenter differenzierter Unterricht und eine genaue Hinterfragung des Gedankengebildes des Kindes zu der Maloperation, denn auch nicht rechenschwache Kinder haben mit dem Verständnis des »Malbegriffes« oft noch lange Zeit ihre Probleme.

2. Die nächste wichtige Voraussetzung ist die Sicherheit im Umgang mit Einern und Zehnern. Hat ein Kind die Stellenwerte nicht verstanden, kann es auch das 1 x 1 nicht verstehen. Wenn ihm der Unterschied zwischen 45 und 54 nicht klar ist, wie soll es dann begreifen, warum das eine das Ergebnis von 4 x 9 ist, das andere das Ergebnis von 6 x 9?

3. Die dritte Voraussetzung ist das flüssige Kopfrechnen mit Zehnerüberschreitung bis 100. Viele Kinder bewältigen das

kleine 1 x 1 durch Hilfsaufgaben: Fällt ihnen bei der Aufgabe 7 x 6 die 42 nicht ein, können sie sich mit 6 x 6 + 6 weiterhelfen. Ist aber das Kopfrechnen mit 10er-Übergang nicht genug verinnerlicht, ist ihnen dieser Weg versperrt.

Das Tempo

In den meisten deutschsprachigen Ländern ist es inzwischen üblich, in der zweiten Klassenstufe das gesamte kleine 1 x 1 lernen zu lassen. Ab Klasse 3 soll in den 1000er-Raum vorgedrungen werden. Da jedoch das gesamte 1 x 1 eine große und umfangreiche Lernaufgabe ist, sollte den Kindern mehr Zeit dafür zur Verfügung gestellt werden. Sind das 1 x 1 bis zur 6er-Reihe und ggf. zusätzlich die 9er- und 10er-Reihen in Klasse 2 gründlich automatisiert worden, können in Klasse 3 die »schweren Reihen« 7 und 8 in Ruhe ergänzt werden.

Die Reihenfolge

Es ist heute üblich, die Mal-Reihen parallel zu den In-Reihen (Wie oft ist die 3 in der 12?) zu erarbeiten. Dies scheint logisch, handelt es sich doch um die Umkehraufgabe zur Malaufgabe und eröffnet den Weg zur Division. In-Aufgaben können demzufolge nicht vor den Malaufgaben gelernt werden. Haben die Kinder aber die Hürde des Mal-Begriffes noch nicht genommen, ist der In-Begriff eine zusätzliche Hürde. Für die Kinder ist dies keine Vereinfachung, sondern eine Erschwerung des Lernprozesses. Rechenschwache Kinder sind hiermit vollkommen überfordert. Es empfiehlt sich, erst alle Malaufgaben und die Mal-Operation gründlich zu automatisieren und erst dann, auf der Basis des Verstehens, zu den In-Aufgaben zu wechseln. Diese werden nun von den Kindern viel leichter gelernt und als logisch empfunden.

Nur die Sicherheit im Rechnen von Malaufgaben ermöglicht einen leichten Schritt zur Division.

Die Vernetzung

Nach wie vor wird das 1 x 1 in Reihen gelernt. Dabei bietet sich ein vernetztes Lernen zur Vereinfachung an. Dieses wird auch

Ein sinnvoller und logischer Unterrichtsaufbau kann das Lernen sehr erleichtern.

seit Jahren von Mathematik-Didaktikern gefordert. Leider findet es jedoch kaum Eingang in Schulbücher und Unterrichtspraxis. So lernen die Schüler das 1 x 1 in geschlossenen Reihen. Sie werden sich dabei der Querverbindungen (z. B. 2 x 5 und 5 x 2) nicht bewusst.

Der Vorgang geht in der Regel so, dass jede Malaufgabe aus der Addition heraus aufgebaut wird. Dann wird die Reihe auswendig gelernt. Auffällig ist hier, dass viele Kinder bei einer Abfrage außerhalb der Reihenfolge innerlich die Reihe bis zur gefragten Aufgabe aufsagen und erst dann das Ergebnis nennen können. Ein Verständnis der Rechenoperation ist hier zu bezweifeln. Querverbindungen, die z. B. auch ermöglichen, eine Aufgabe wie 9 x 4 durch 10 x 4 – 4 zu erarbeiten, kommen erst später dazu. Sie könnten jedoch den Lernprozess deutlich vereinfachen und abkürzen und dabei das Gesamtverständnis der Rechenoperationen fördern.

Die Diagnose der Dyskalkulie – der wichtigste Baustein

Nun wissen Sie schon mehr darüber, was eine Dyskalkulie ist und wie sie sich äußern kann. Wie bei der Legasthenie ist aber eine genaue Diagnose wichtig, um dem betroffenen Kind aus seinen Schwierigkeiten hinaushelfen zu können. Gerade Kinder mit Dyskalkulie sind darauf angewiesen, dass herausgefunden wird, wo genau ihre Probleme beginnen.

Folgende Untersuchungen sollten durchgeführt werden:
- Raumwahrnehmung und Raumorientierung
- Räumliches Gedächtnis
- Visuelle Vorstellungsfähigkeit und visuelles Gedächtnis
- Test der sprachlichen und räumlichen Serialität
- Orientierung in der Zeit und Zeitplanung
- Buchstaben- und Symbolverständnis

- Test der Lesefähigkeit und des Textverständnisses
- Zahlenbegriffstest (testet die Zuordnung von Zahlenname und Zahlensymbol, die Zählfähigkeit und einfache Addition und Subtraktion)
- Numeriktest (testet das Mengenverständnisses)
- Verständnis für Geometrische Figuren
- Verhalten im Unterricht (Beobachtungsbericht durch den Lehrer)
- Arbeitsstrategien für die eigenen Aufgaben/Planungsfähigkeit (Beobachtungsbericht aus Elternhaus und Schule)

Wenn erst in Klasse 3 entdeckt wird, dass ein Kind eine Rechenschwäche hat, ist es wichtig, die selbstentwickelten Algorithmen aufzudecken, mit dessen Hilfe ein Kind zu seiner Lösung kommt. Nur dann können konkrete Denkfehler behoben und die richtigen Rechenwege erlernt werden.

Algorithmen sind nach einem bestimmten Schema ablaufende Rechenvorgänge.

Hier einige Beispiele:
Rechnung   Erklärung des Kindes

$11 + 4 = 14$ Ich fange mit 11 an, dann 12, 13, 14 (zählt an den Fingern ab und hält nun vier Finger hoch)

$50 - 22 = 32$ $5 - 2 = 3$, $0 - 2$ geht nicht, also muss ich umdrehen. $2 - 0 = 2$, das Ergebnis ist 32

$56 + 28 = 21$ $5 + 2 = 7$, $6 + 8 = 14$, $7 + 14 = 21$ (Stellenwerte nicht verstanden)

$34 \times 7 = 49$ $3 \times 7 = 21$, $4 \times 7 = 28$, $21 + 28 = 49$ (Stellenwerte nicht verstanden)

$42056 : 8 = 67$ $42 : 8 = 6$, 0 zählt nicht, die kann ich auslassen, $56 : 8 = 7$

Nachfragen!

Erst wenn wir wissen, wie das Kind denkt, um auf seine falschen Lösungen zu kommen, können wir wirklich helfen und versuchen, das Problem zu beheben!

Die richtige Förderung bei Dyskalkulie

Wenn bei einem Kind eine Dyskalkulie festgestellt wurde, ist es wichtig, die richtige Förderung zu finden. Nicht jeder Mathelehrer oder Mathestudent, der in seiner Freizeit Stunden gibt, aber auch nicht jeder Legasthenietrainer ist dafür geeignet. Natürlich muss auch bei einer Dyskalkulie die differente Wahrnehmung nachtrainiert werden. In der Regel sind dies die Raumwahrnehmung, das optische Gedächtnis und verschiedene Formen der Serialität, also der Wahrnehmung von Reihenfolgen. Dies alles wird mit dem Wahrnehmungstest festgestellt.

Nur durch die genaue Analyse der Rechenstrategie des Kindes kann ein wirksames Training entwickelt werden.

Besonders wichtig ist aber auch das Training des mathematischen Denkens. Hier muss zu allererst ganz genau und für jeden Aufgabenbereich der Gedankenweg des Kindes analysiert werden. Dies ist bei jedem Übungsschritt und Thema als erstes durchzuführen. Darauf aufbauend können dann anschauliche Erklärungen das falsche Denken auflösen und die richtigen Strategien und Rechenfertigkeiten erlernt werden. Mathematikübungshefte, wie sie von verschiedenen Verlagen angeboten werden, haben also erst dann Sinn, wenn diese Schritte bereits vollzogen wurden. Sonst würde das Kind die vorgelegten Aufgaben weiterhin auf die falsche Weise lösen und nicht zu neuen, anderen Erkenntnissen gelangen.

Manche Eltern denken immer noch »viel hilft viel«, dies ist hier nicht der Fall. Es kommt einzig auf die inhaltlichen Qualitäten der Erklärungen und Übungen an. Manchmal ist es notwendig, sehr kreativ neue Wege der Veranschaulichung zu gehen. Ein guter Trainer stimmt seine Methoden immer auf das einzelne Kind und dessen persönliche Eigenheiten ab. Diese müssen jedoch letztendlich dazu führen, dass das Kind die von der Schule geforderten Techniken erlernen und umsetzen kann.

Kreativität zeichnet einen guten Trainer aus.

Um solch einen Trainer zu finden, gibt es keine einheitlichen Empfehlungen. Letztendlich gilt es, nach intensiven Gesprächen auszuprobieren, ob das Kind auf das angebotene Training anspricht. Jedoch sind Sie beim Zentrum zur Therapie der Rechenschwäche immer gut aufgehoben, und auch die Duden-Institute bieten sehr kompetente Beratungen und ein gutes Einzeltraining (Adressen im Anhang). Wie auch bei der Legasthenie ist ein Gruppentraining nicht geeignet. Mini-Gruppenstunden können nur ergänzend für bestimmte Themenbereiche als zusätzliche Übungsstunden von Nutzen sein.

Spielend rechnen lernen

Hier stelle ich Ihnen einige Spiele vor, die Ihrem Kind das Lernen erleichtern, seine Teilleistungen schulen und seinen Spaß am Entdecken der Lernwelt fördern können.

Die hier vorgestellten Spiele sind natürlich nur eine kleine Auswahl der Vielzahl an Lernspielen, die im Handel erhältlich sind. (Eine Übersicht von weiteren Spielen findet sich im Anhang)

Kannst Du schon Zahlen erkennen?

Ein Zahlenspiel für Vorschulkinder. Zahlen werden jeweils als Ziffer, Würfelergebnis und Menge dargestellt.
Fördert: Mengenerfassung, Zahlenbegriff
bis 6 Spieler

ab 4 Jahren

Ritter Kunibert im Zahlenland

ab 4 Jahren   Das Zahlenland von Prof. Preiß als Brettspiel.
Fördert: Formen, Mengen und Zahlen spielerisch lernen
2 – 10 Spieler

Kannst Du rechnen?

ab 5 Jahren   Mengenkarten und Aufgabenkarten laden zu verschiedenen
Rechenspielen ein.
Fördert: Mengenverständnis, einfache Rechnungen bis 10
bis 4 Spieler

Conni kommt in die Schule

ab 5 Jahren   Lernspielsammlung. 4 Spiele zu Zahlen,
Fördert: Das Üben von Buchstaben, Zahlen und fördert die
Konzentration, Themen direkt zum Schulstart
2 – 4 Spieler

Rechenstar

ab 6 Jahren   Ein Kartenspiel mit Würfeln für gute Rechner und solche, die es
werden wollen
Fördert: das Üben der Grundrechenarten
2 – 6 Spieler

Flinke Flosse

ab 6 Jahren   Die gewürfelten Fische müssen gezählt oder mengenmäßig erfasst werden. Dabei ist auch eine schnelle Reaktion erforderlich.
Fördert: Konzentration, Reaktion, optische Differenzierung,
2 – 4 Spieler

Rechen-Kapitän

ab 6 Jahren   Plus und Minus bis 20 spielerisch üben
Fördert: Zahlzerlegung und Zahlenverständnis
bis 4 Spieler

Abenteuer auf dem Zahlenfluss

Kopfrechnen bis 100 üben auf dem Zahlenfluss   **ab 7 Jahren**
Fördert: Zahlzerlegung und logisches Denken
bis 4 Spieler

Stellenwertrallye

In diesem Spiel kann das Kind den Stellenwert der Zahlen   **ab Klasse 2**
spielerisch üben. Wichtig für rechenschwache Kinder.
Fördert: das Verständnis um Mengen und Zahlen (Einer,
Zehner, Hunderter etc.), mathematische Grundfertigkeiten)
ab 2 Spieler

Take it easy

Aus Zahlen, Farben und Mustern müssen Reihen gebildet   **ab 10 Jahren**
werden.
Fördert: Serialität, Raumorientierung, optische Differenzierung
1 – 6 Spieler

Für den PC

Bellos Bauernhof

(Gewinner des Pädagogischen Interaktivpreises 2007)   **ab 4 Jahren**
www.bellosbauernhof.de
Fördert: Zahlen von 1– 10 blitzschnell erfassen. Dabei werden
auch Serialität und Gedächtnis geschult.
Für Mac und Windows

Murmelsoft

www.murmelsoft.de   **für Klasse 1 + 2**
Fördert: Mengen erfassen, Zahlenverständnis, Grundrechen-
arten; einfache und leicht verständliche Übungen
Zahlenraum 0 – 10, 10 – 20, 20 – 100
Auf der CD sind ebenfalls Übungsspiele für das Fach Deutsch.

Für Nindendo DS

ab 7 Jahren »Lernerfolg Grundschule Mathe Klasse 1 – 4«

»10 gewinnt« – Übungen und Rechenrätsel

Für den Einsatz in Kindergarten und Vorschule:

Entenland, Prof. Gerhard Preiß

Zahlenland, Prof. Gerhard Preiß

Info und Seminare dazu: www.zahlenland.info

Kinder mit einem AD(H)S, und allgemeine Lerntipps

Wenn Kinder in der Schule durch permanente Unaufmerksamkeiten auffallen, denken Eltern und Lehrer zuerst an AD(H)S als Ursache. Leider bemühen sich die Kinderärzte nicht immer um eine genaue Klärung der Symptomatik, denn auch ein Kind mit Legasthenie oder Dyskalkulie kann entweder mit der Unruhe oder aber mit der besonderen Art des »Sich-zurück-ziehens« eines AD(H)S-Kindes reagieren.

Was bedeutet AD(H)S?

Jedes Kind braucht ein Ventil zur Verarbeitung der Überreizung.

Stellen Sie sich folgendes Beispiel vor: Sie sind ein Kind, dem es schwerfällt, Buchstaben in der richtigen Reihenfolge wahrzunehmen. Wenn Sie also mit diesem Problem konfrontiert werden, entsteht in Ihnen ein »ungutes« Gefühl. Wer mag das schon? Wie können Sie hier reagieren? Sie können unruhig werden, aufstehen und etwas anderes machen, oder Sie können sich in sich selber zurückziehen: *Sie haben (nur) diese beiden Möglichkeiten!*

AD(H)S ist die Abkürzung für Aufmerksamkeitsdefizit(hyperaktivitäts)syndrom. Nimmt man dies wörtlich, würde es bedeuten, die Kinder wären nur gering aufmerksam und einige von ihnen wären zudem hyperaktiv. Dies ist jedoch ein fatales Missverständnis.

Diese Kinder sind in bestimmten Wahrnehmungsbereichen »überaufmerksam«. Sie können mehr und oft sehr viel schneller Dinge aus ihrer Umgebung wahrnehmen. Da bei ihnen der Filter, der wichtig von unwichtig trennt, nicht richtig funktioniert, gelangen alle diese Eindrücke auch ins Bewusstsein.

Was geschieht nun, wenn Sie über eine besonders hohe Aufmerksamkeit verfügen, z. B. im visuellen Bereich? Sie sehen jeden Fleck an der Wand, jede Fliege, die vorbei fliegt und jede Bewegung in Ihrem Gesichtsfeld. *Sie haben wieder zwei Möglichkeiten*:

- Sie können auf ALLES reagieren, dann drehen Sie Ihren Kopf nach jedem neuen Eindruck und springen auf alles an – Sie reagieren hyperaktiv (überaktiv).
- Oder Sie versuchen den Reizen zu entgehen und ziehen sich nach innen zurück – Sie reagieren hypoaktiv (unteraktiv).

Die Probleme der letzteren Gruppe werden leider oft übersehen, denn sie fallen nicht so schnell auf, wie die Hyperaktiven, die den Unterricht stören. Gerade bei diesen Kindern kommt es oft

zu psychosomatischen Erkrankungen. Sie werden stresskrank!
Eltern sind dann erstaunt und sagen: »Das verstehe ich nicht.
Mein Kind ist doch immer so ruhig.« Dass gerade den hyperaktiven Kindern die Konzentration schwer fällt, ist verständlich.
Ihnen kann das Marburger Konzentrationstraining helfen, die
Kontrolle über Denken und Handeln zu erlangen. Gezielte Ent-
spannungsübungen (z. B: Andrea Christiansen: Mut und Stärke
durch Fantasiereisen – Mit dem Zauberbären mehr Selbstvertrauen für Kinder; Urania Verlag) unterstützen das Kind darin,
loszulassen und die Überreizung abzubauen. Da diese Kinder
eindeutig anders wahrnehmen als ihre Altersgenossen, können
davon auch bestimmte Lernfelder betroffen sein.

Wie Sie Ihrem Kind helfen können

Ein Legasthenietrainer ist nicht dafür ausgebildet, AD(H)S zu
diagnostizieren. Dies sollte ein kompetenter Kinderarzt genau
feststellen. Der Legasthenietrainer kann aber mit Hilfe des
Wahrnehmungstests erkennen, auf welchen Wahrnehmungsebenen Ihr Kind besondere Unterstützung benötigt. Hier gilt es,
auch ein Augenmerk auf die besonders guten Wahrnehmungs-
leistungen zu werfen, denn diese zeigen an, wo das Kind ggf.
durch seine erhöhte Aufmerksamkeit überlastet werden kann.
Das Training für dieses Kind sollte zweimal wöchentlich statt-
finden. Eine Stunde dient dabei gezielt der Entspannung und der
Konzentration. Das Ausschalten störender Reize kann geübt
werden (dafür benötigt der Trainer Kenntnisse z. B. aus dem
NLP und der Psychosomatik). Die andere Unterrichtsstunde
befasst sich mit Lernstrategien und dem Üben an den Fehlern.

Was der Trainer tun kann.

- Zu Hause sollte Reizüberflutung vermieden werden. Schlicht
  eingerichtete Zimmer, kein Radio oder Fernsehen nebenbei
  (beides nur ganz gezielt und zeitlich stark eingeschränkt).

Was Sie zu Hause tun können.

Allerdings kann bei Kindern, die sich von Geräuschen leicht ablenken lassen, das Hören sanfter Musik über Kopfhörer bei den Hausaufgaben die Aufmerksamkeit unterstützen, da keine weiteren Geräusche durch die Kopfhörer ans Ohr dringen.

Gestalten Sie das Kinderzimmer möglichst reizarm.

- Visuell reizbare Kinder sollten keine Bilder an den Wänden ihres Zimmers haben und den Schreibtisch bis auf das gerade benötigte Material abräumen. Ordnungskartons sorgen auch bei den Spielsachen für optische Ruhe.

- Halten Sie regelmäßige Strukturen in Ihrem Tagesablauf ein. Das gibt dem Kind einen sicheren Orientierungsrahmen.

- Loben Sie es für erwünschtes Verhalten und lassen Sie das Schimpfen einfach mal sein. Durch Aufmerksamkeit, egal welcher Art, verstärken Sie jedes Verhalten. Schimpfen allerdings kann unerwünschtes Verhalten auch verstärken.

- Geben Sie Ihrem Kind eine seinem Alter entsprechende feste Aufgabe im Haushalt, und loben Sie es für die Durchführung. Da Ihr Kind in der Schule viele negative Erfahrungen macht, braucht es gute Erfahrungen zu Hause, die sein Selbstwertgefühl stärken.

Medikamente einnehmen

- Für unruhige und unkonzentrierte Kinder gibt es ein sanftes, gut wirksames homöopathisches Mittel, das »Zappelin« von W. Spitzner Arzneimittelfabrik GmbH. Sie sollten es versuchen, bevor Sie zu einer stärkeren Medikation greifen. Die Wirkung von Zappelin setzt nach etwa vier bis acht Wochen ein.

- Beachten Sie bitte: Ein Medikament (bei schweren Fällen Ritalin u. ä.) kann nötig sein, damit das Kind überhaupt in die Lage gebracht wird, sich zu konzentrieren, ist jedoch nicht dazu gedacht, den Lehrern das Leben zu erleichtern, indem Kinder ruhig gestellt werden. Daher sollte die Dosierung nach einer Phase des Herantastens immer so gering wie möglich, aber auch so hoch wie nötig sein.

• Ganz wichtig ist es, auf die Ernährung zu achten, denn bestimmte Stoffe wirken sich für das Kind negativ aus. Es ist,
als wolle der Körper durch stärkere – hyperaktive – Aktionen
diese Stoffe schnell wieder loswerden. Häufig sind dies
Schokolade, kohlensäure- und zuckerhaltige Gertränke sowie
Weißmehl.

Ernährung beachten

Der Verein »TOKOL« in Hamburg berät Sie kompetent zu allen
Fragen. Die Anschrift finden Sie im Anhang.

Allgemeine Lerntipps

Die folgenden Lerntipps sind für jedes Alter geeignet. Sie bieten
einen Anreiz, über das eigene Lernverhalten nachzudenken und
etwas daran zu ändern.
Da heutzutage auch von uns Eltern im Beruf Fortbildungen
erwartet werden, sollten wir mit unserem eigenen Lernverhalten
unseren Kindern ein gutes Beispiel geben.
Gerade legasthene und/oder dyskalkule Kinder haben auf
Grund negativer Erfahrungen wenig Lust zu lernen. Diese Tipps
können Ihren Kindern helfen, etwas daran zu ändern.

Geben wir als Erwachsene mit unserem Lernverhalten ein gutes Beispiel!

Vor dem Lernen
1. Streiche folgenden Satzanfang aus deinem Wortschatz: »Zuerst mache ich noch …«
2. Wenn dich ein Gedanke ablenkt, schreibe ihn auf oder sprich
   ihn auf Band. Dann ist der Kopf wieder frei.
3. Wenn die Lust zum Lernen fehlt, erinnere dich an eine Lern-
   situation, die Spaß gemacht hat. Erinnere dich mit möglichst
   allen Sinnen. Ist das Gefühl wieder da? Dann fang an!
4. Sorge für eine ruhige Lernumgebung an einem angenehmen
   Ort.
5. Plane Pausen ein.

Beim Lernen

1. Nimm dir Zeit. Nichts kann in Eile gelernt werden.
2. Beteilige möglichst viele Sinne. Schreibe auf, lese dir vor, mach dir innere Bilder.
3. Versuche, den Lernstoff auf eine Erfahrung aus deinem Alltag zu beziehen. Fehlt dir diese Erfahrung, dann kann die Oma vielleicht etwas dazu erzählen. So prägt es sich besser ein.
4. Prüfe dein Arbeitsverhalten. Fängst du immer mit dem Schweren an und gibst dann frustriert auf? Erledige erst, was schnell und einfach war. Nach einer Pause konzentrierst du dich auf das schwierige Thema.
5. Entdecke deine Lernkanäle. Kannst du dir besser merken was du hörst, siehst oder getan (aufgeschrieben) hast? Lerne mit dieser Methode und schlage eine Brücke zu wenigstens einem anderen Kanal (z. B. erst alles gut strukturiert aufschreiben, dann sich von dem geschrieben Text oder dem Lerninhalt ein inneres Bild bzw. Film machen).
6. Erkläre jemand anderem, was du gerade gelernt hast. Das Erklären mit eigenen Worten führt zum besseren Verstehen und Behalten.
7. Vermeide Lernhemmungen. Daher immer eine Pause zwischen zwei verschiedenen Themen einlegen und etwas völlig anderes tun. Niemals etwas Ähnliches zusammen lernen (z. B. erst englische, danach spanische Vokabeln).

Nach dem Lernen

Nach dem Lernen das Loben nicht vergessen.

Lobe dich und gönne dir was! Wer lernt, darf sich selbst belohnen! Jetzt ist genau die richtige Zeit dafür. Sei stolz auf das, was du geschafft hast und freue dich über dein neues Wissen. Diese positiven Gefühle wirken sich auch positiv darauf aus, wie du das Gelernte reproduzierst (vorträgst, aufschreibst) und wie leicht das nächste Lernen vonstatten geht.

Anhang

Spieleempfehlungen

Titel	Internetadresse	AM	OD	OG	OS	AD	AG	AS	RO	KS
4 gewinnt	www.mb-spiele.de	X		X					X	
A–Z	www.amigo-spiele.de	X	X	X						
Adlerauge	www.amigo-spiele.de	X	X	X	X				X	
Affentanz	www.haba.de									X
Alltagsgeräusche	www.verlagruhr.de					X				
Augen auf, kleine Maus	www.kosmos.de				X					
Bilderjagd	www.ravensburger.de				X		X			
Bilderjagd	www.ravensburger.de				X					
Buchstabeln	www.ravensburger.de					X				
Buchstabensuppe	www.ravensburger.de					X				
Buddel Company	www.ravensburger.de				X					
Burgritter	www.haba.de	X							X	X
Das Geisterschloss	www.ravensburger.de				X					
Das kleine Gespenst	www.kosmos.de	X							X	
Der kleine Sprechdachs	www.ravensburger.de	X					X	X	X	
Die kleine Hexe	www.kosmos.de	X		X					X	
Differix	www.ravensburger.de		X							
Digit	www.piatnik.com								X	
Duo	www.piatnik.com	X								
Flash Cups	www.flashcups.de	X							X	X
Freddy Frosch	www.ravensburger.de					X				
Geistertreppe	www.kosmos.de					X				
Geomag	www.geomag.it								X	
Gesucht+Gefunden	www.kosmos.de			X						
Gleich-Ungleich	www.piatnik.com			X						
Go Getter	www.thinkfun.com	X							X	
Grabsch	www.adlung-spiele.de				X					
Gruselino	www.ravensburger.de				X					
Halli Galli	www.amigo-spiele.de	X								
Hands Up	www.schmidt-spiele.de	X	X	X					X	X

AM = Aufmerksamkeit	**OS** = Optische Serialität	**AS** = Akustische Serialität
OD = Optische Differenzierung	**AD** = Akust. Differenzierung	**RO** = Raumorientierung
OG = Optisches Gedächtnis	**AG** = Akustisches Gedächtnis	**KS** = Körperschema

Titel	Internetadresse	AM	OD	OG	OS	AD	AG	AS	RO	KS
Koffer packen	www.ravensburger.de			X			X			
Komische Tiere	www.piatnik.com		X							
Krokodilspiel	www.piatnik.com					X				
Kunterbunt	www.amigo-spiele.de	X	X							
Labyrinth	www.ravensburger.de								X	
Logische Blöcke	www.dusyma.de								X	
Make'n break	www.ravensburger.de	X							X	
Maulwurf- Company	www.ravensburger.de								X	
Meine kleine Stad	www.piatnik.com								X	
Memory	diverse Hersteller			X						
Merlin	www.amigo-spiele.de				X					
Mit 3 dabei	www.ravensburger.de								X	
Mühle	diverse Hersteller								X	
Murmelmonster	www.ravensburger.de								X	
Nanu	www.ravensburger.de				X					
Ohren auf!	www.amigo-spiele.de					X				
Oups-Kartenspiel	www.adlung-spiele.de									X
Plumpsack	www.amigo-spiele.de				X					
Pueblo	www.ravensburger.de								X	
Rätselturm	www.amigo-spiele.de					X				
Rhythmus Domino	www.oebvhpt.at					X				
Rush Hour	www.thinkfun.com								X	
Sambesi	www.adlung-spiele.de								X	
Satzbaumeister	www.piatnik.com							X		
Schau genau	www.ravensburger.de				X					
Schlaue Farbenschlange	www.kosmos.de				X					
Scrabble	www.mattel.de				X					
Set (erst ab ca. 10-12 Jahren)	www.schmidt-spiele.de		X							
Silbenrallye	www.haba.de					X				
Simile	www.jugendvolk.co.at		X							
So fängt es an	www.piatnik.com					X				
Sprechdachs (13 Sprach-und Erzählspiele)	www.huchandfriends.de		X				X	X	X	
Sprich genau – Hör genau	www.ravensburger.de					X				

AM = Aufmerksamkeit
OD = Optische Differenzierung
OG = Optisches Gedächtnis

OS = Optische Serialität
AD = Akust. Differenzierung
AG = Akustisches Gedächtnis

AS = Akustische Serialität
RO = Raumorientierung
KS = Körperschema

Titel	Internetadresse	AM	OD	OG	OS	AD	AG	AS	RO	KS
Streichholzspiele	www.haba.de								X	
Tangram	www.piatnik.com, www.haba.de								X	
Think – Globetrotter ab 12 J.	www.ravensburger.de			X						
Think – Paternoster ab 12 J.	www.ravensburger.de				X					
Tip Over	www.thinkfun.com	X			X	X				
Ubongo	www.ravensburger.de	X	X						X	
Was höre ich?	Le pic-Spieleverlag						X			
Was passt noch rein	www.ravensburger.de								X	
Wassergeräusche	www.verlagruhr.de						X			
Wege	www.amigo-spiele.de								X	
Wettergeräusche	www.verlagruhr.de						X			
Wo ist die Kokosnuss?	www.amigo-spiele.de				X					
Wörterzauber	www.piatnik.com						X			
Worttüftel	www.mb-spiele.de					X				
Zauberkreisel	www.ravensburger.de			X						

Computerspiele

Titel	Internetadresse	AM	OD	OG	OS	AD	AG	AS	RO	KS
ADS Trainer	www.etverlag.de	X	X	X	X					
Audiolog	www.audiva.de					X	X	X		
Cesar home	www.ces-verlag.de	X				X	X	X		
Das Blaue vom Himmel	www.sissi-nuhl.com		X	X						
Die Geokiste	www.koehler-software.de								X	
Gerhirnjogging	www.cotec.de / www.cotec.at	X	X		X	X	X		X	
Im Aquarium	www.sissi-nuhl.com								X	X
KLEX Version 11	www.legasthenie-software.de		X		X					
Konzentrationsaufbau 1 bis 4	www.jugendvolk.co.at	X	X	X	X				X	
Lesen 2000 plus Rechtschreibtrainer	www.lernspiele.at	X	X	X	X	X	X	X	X	
Logi-Clic 2	www.schubi.de	X	X	X	X	X	X	X	X	
Rechtschreib-Clic	www.schubi.de	X	X	X	X	X	X	X		
Teilleistungstrainer	www.cotec.de	X	X	X	X	X	X	X	X	
Winkonz	www.winkonz.com	X	X	X	X	X	X	X		
Wörter fischen	www.sissi-nuhl.com		X							

Hinweis: Diese Liste basiert auf der Arbeit meines Legasthenietrainerkollegen Reinhold Gräbe und der vielen KollegInnen (www.legasthenietrainer.com), die ihre Erfahrungen mit diversen Spielen hier eingebracht haben.

AM = Aufmerksamkeit	**OS** = Optische Serialität	**AS** = Akustische Serialität
OD = Optische Differenzierung	**AD** = Akust. Differenzierung	**RO** = Raumorientierung
OG = Optisches Gedächtnis	**AG** = Akustisches Gedächtnis	**KS** = Körperschema

Literaturempfehlungen

Augst, G., Dehn, M.: Rechtschreibung und Rechtschreibunterricht, Klett Gruppe, Seelze/Velber 2009

Born, A., Oehler, C.: Kinder mit Rechenschwäche erfolgreich
fördern, Kohlhammer Verlag, Stuttgart 2008

Christiansen, A.: Mut und Stärke durch Fantasiereisen –
Mit dem Zauberbären mehr Selbstvertrauen für Kinder,
Urania Verlag, Stuttgart 2008

Körndl, M., Patho, K.: Bingo. Förderspiele bei Rechenschwäche. 3./4. Klasse: Im Zahlenraum bis 1000 / Grundrechenarten, Ensslin im Arena Verlag, Würzburg 2005

Schulte-Körne, G., Mathwig, F.: Das Marburger Rechtschreibtraining, Winkler Verlag, Bochum 2007

Schulte-Körne, G.: Legasthenie und Dyskalkulie, Winkler
Verlag, Bochum 2007

Weida, S.: Rechenschwäche – der Kampf mit den Zahlen. Hilfe
bei Dyskalkulie, Cornelsen Verlag Scriptor, 2004 (vergriffen)

Weitere Fördematerialien:
Verlag Duden Patec, Cornelsen Verlag, Auer Verlag, erhältlich
im Buchhandel bzw. über das Internet.

Wichtige Adressen

Zahlenland
Prof. Preiß
Bächelsgasse 1
65520 Bad Camberg
Tel. 06434/90 36 33
Fax 06434/90 68 12
E-mail: kontakt@zahlenland.info

Zentrum zur Therapie der Rechenschwäche
Dr. Jörg Kwapis
Hebbelstraße 12
14469 Potsdam
Tel. 0331/550 77 67
Fax 0331/201 67 05
E-Mail: redaktion@ztr-rechenschwaeche.de
www.ztr-rechenschwaeche.de

Duden-Institute für Lerntherapie
Dr. Andrea Schulz
Bouchéstr. 12 / Haus 11
12435 Berlin
Tel. 030 5331-1822
Fax 030 5331-1829
E-Mail: schulz@duden-institute.de
www.duden-paetec.de

Bei AD(H)S: Tokol e.V.
Ra. Armin Taube
Meiendorfer Weg 3
22145 Hamburg
Tel. 040/76971662
E-Mail: vorstand@tokol.de
www.tokol.de

Dachverband Legasthenie Deutschland e.V.
German Dyslexia Association
Zwickauer Str. 226
08468 Reichenbach
Tel. 03765/717034
Fax 03765/717033
E-Mail: vorstand@legasthenieverband.org
www.legasthenieverband.org

Bundesverband Legasthenie und Dyskalkulie e. V.
Postfach 11 07
30011 Hannover
www.bvl-legasthenie.de

Legasthenieerlasse der Bundesländer finden Sie im Internet.

Internetadressen

www.grundschulservice.de (Infos zur richtigen Unterrichts-
  gestaltung, Elternaufklärung)
www.lernserver.de (Test und Fördermaterial der Universität
  Münster)
www.lernspielkiste.de (Lernspiele zum Bestellen, sehr zu
  empfehlen!)
www.rechenraetsel.de (Übungen für alle Altersstufen, Kopfrechnen, logisches Denken)
www.rechenschwaeche.at (Informationen zu Rechenschwäche
  und Dyskalkulie in Österreich. Magazin zum Download,
  Tipps zur Förderung und für den Unterricht)
www.testzentrale.de (BISC – Test Bielefelder Screening)
www.wilfriedmetzte.de (Aus der Werkstatt eines Schulmeisters)
www.zaubereinmaleins.de (Materialien für den Grundschul-
  und Förderunterricht)
www.ztr-rechenschwaeche.de (Test- und Beratungszentren für
  die Bundesländer Berlin, Brandenburg, Hessen, Mecklenburg-
  Vorpommern, Niedersachsen, Sachsen, Sachsen-Anhalt,
  Thüringen)